グローバル関係学 5

「みえない関係性」をみせる

グローバル関係学 5

「みえない関係性」をみせる

編集 福田 宏／後藤絵美

岩波書店

刊行にあたって

二一世紀に入り、ＩＳなど武装勢力の突発的な出現、国家破綻と内戦の頻発、路上抗議行動の連鎖など、世界で動乱が多発している。大規模な人の移動が発生し、反動で排外主義や偏狭なナショナリズムが進行している。新型コロナウイルスの世界的感染拡大は、「グローバルな危機」そのものだ。

これらの「グローバルな危機」の、広範な波及性や連鎖性、唐突さは、必ずしも現代にのみ特徴的なものではない。しかし、その原因や背景の多くについて、主に欧米の国家主体を分析対象としてきた従来の学問分野は、十分に解明できていない。なぜなら、既存の学問分野が「主語」のある、主体の明確な出来事しか分析対象とせず、伝統的、古典的な主体中心主義の視座を取っているために、今起きている現象とますます乖離してきているからである。

それに対して、本シリーズが提唱する「グローバル関係学」は、主体よりもその間で交錯するさまざまな「関係性」を分析することに重きを置く。関係性が双方向、複方向的に交錯し連鎖するなかで出来事が起きると捉え、関係性の網のなかにこそ、澱や瘤のように「主体」が浮き彫りになると考える。

「グローバル関係学」とは、狭い範囲の地域共同体から超領域的グローバルなネットワークまで、非欧米世界を含めた世界を総体として把握する視座を確立し、主体中心的視座で「みえなかった／みなかった」ものを、関係中心的視座から「みえる」ようにすることを目的とする新しい学問である。

（編集代表　酒井啓子）

目次

Ⅱ　音　楽

Ⅲ　スポーツ

序章

「みえない関係性」をみせる
——装い・音楽・スポーツ、そして言葉——

福田　宏

はじめに——文化現象への着目

この巻では、装い・音楽・スポーツなどの文化現象から「みえない関係性」にアプローチする。例えば、本巻にて題材の一つとして取り上げる音楽は、人類が普遍的に有する共通の文化であり——少なくともそのように認識されており——、それが故に、関係性を読み解くうえで重要な指標と考えられる。

詳しくは次節にて検討することとして、ここでは軍歌を一例として挙げておきたい（第三章参照）。戦意高揚を狙った軍歌は、第一義的には権力者の道具として捉えられるが、実際にはそれほど単純なものではない。文化の受容は、それを発信する者と受ける者の関係、あるいは、何が媒体となるかによって変化する。軍歌についても、国家の思惑だけで国民に浸透させられるものではなく、時局に便乗して利益を得ようとする音楽産業、あるいは、軍歌を娯楽として消費する聴衆が存在するかどうかによって、その音楽の持つ意味が大きく変わってしまう。

また、何と何の関係なのかについても注意が必要である（本叢書第一巻序章を参照）。軍歌の場合であれば、国家と国民の関係が問題になっているのであり、両者を結びつけている媒体は、軍歌それ自体、もしくはレコードやCD、現在であればインターネット配信ということになろう。だが、この関係性における主体・客体・媒体の位置づけは固定的なものではない。軍歌を奨励するという意味では国家が主体なのだが、市場のニーズに応えてコンテンツを提供するという点では、実質的な主体はレコード会社なのかもしれない。あるいは、軍歌の政治的効果を最終的に決めるという意味で、国民こそが主体的役割を果たしているとも考えられる。いずれにせよ、各アクターの役回りは相対的なものであり、局面ごとに多彩に変化するという点について、ここで確認しておきたい。

この序章では、全体の見通しを立てるために、次の第一節において唱歌「蛍の光」を事例として取り上げ、関係性を構成する主要な要素（四つのベクトル）を抽出する。第二節では、本巻に収められた各章を順不同に紹介しつつ、多様な事例から「みえない関係性」を読み解く方法について考えていく。また、情報通信技術の急速な進展により、人間を取り巻く関係性の網の目がますます複雑かつ流動的なものになってきている点に鑑み、若干ではあるが今後の展望についても検討しておきたい。

なお、本巻においては、文化現象の種類によって各章とコラムを分類し、Ⅰ部「装い」、Ⅱ部「音楽」、Ⅲ部「スポーツ」、Ⅳ部「言葉」としているが、それぞれの「部」で議論が完結しているわけではない。むしろ、各章やコラムにて検討されている論点は「部」を跨ぐ形で相互に関連しているため、読者の方々には関心のある章から読み始めていただければと思う。

一　唱歌「蛍の光」からみえてくる関係性

支配と抵抗のベクトル

日本初の音楽教科書『小学唱歌集』の初編は一八八二(明治一五)年に発行され、「蛍の光」も、当初は「蛍」のタイトルでその中に収められた。原曲は「オールド・ラング・ザイン(遙かなる遠い昔の意)」の名で知られるスコットランド民謡である。元々の歌詞は昔なじみを忘れてはいけないといった内容であり、必ずしも別れの歌というわけではなかったが、「蛍の光」は当初より卒業の際に歌うべき曲と位置づけられていた(中西二〇一二:七)。しかも、今は歌われなくなった三番・四番では、将来国家のために一丸となって尽くすことが求められた。現在ではほぼ忘れられてしまっているこの後半部分の歌詞を以下に示しておこう(ただし、現代仮名遣いによる表記)。

三　筑紫のきわみ　みちのおく／海山とおく　へだつとも
　　その真心は　へだてなく／ひとつに尽くせ　国のため

四　千島のおくも　沖縄も／八洲《やしま》のうちの　守りなり
　　至らん国に　いさおしく／つとめよわがせ　つつがなく

蛍雪の功を積み、学業を成した者たちが同窓の友に別れを告げる、という前半の一番・二番に対し、後半は愛国心を鼓舞する内容となっている。四番の「千島」は、一八七五(明治八)年の樺太・千島交換条約によって千島列島全体が日本の領土となったこと、そして「沖縄」は、一八七九(明治一二)年のいわゆる「琉球処分」によって日本が沖縄を領有したことを反映していた。日清・日露の両戦争によって日本が領土を拡大すると、「千島のおくも沖縄も」の歌詞は「台湾のはても樺太も」に変更された。沖縄県平和祈念資料館では、常設展示の冒頭で「蛍の光」の歌詞が展示されていることにも留意すべきだろう(中西二〇一二:七六)。沖縄地上戦の壮絶な経験を後世に伝えるべく設立された同資料館において、「蛍の光」は帝国主義の負の遺産と位置づけられているのである。第二次世界大戦後の日本では、後半の歌詞が切り捨てられ、半ば「無害化」されたうえで「蛍の光」が歌われ続けてきたが、支配の道具として利用されたかつての経緯についても記憶しておく必要があろう。

また、朝鮮半島や中国でも「オールド・ラング・ザイン」のメロディーに異なる歌詞が付され、愛国歌として、そして日本に対する抵抗の歌として普及した。韓国では正式に独立する一九四八年まで国歌と位置づけられることがあったし、その後の映画では、日本の要人暗殺に向かう愛国者が登場するたびに、決まってこの曲が用いられていたという(安田一九九九:三二)。中国については、日清戦争での敗北が重要なきっかけとなった。日本が近代化の成功モデルと見なされたことにより、二〇世紀初頭の最盛期には、毎年八〇〇〇人程度の中国人留学生が日本に派遣されるようになった(久保二〇一九:四八―五二)。そうした中で音楽教育の必要性を主張する者も現れ、学堂楽歌という日本の唱歌に相当する曲が作られるようになった。「オールド・ラング・ザイン」にも「惜春帰(ゆく春を惜しむの意)」の詩が付され、中国で広く歌われるようになったが、後には「軍国民(国民皆兵の意)」といった愛国歌としての歌詞が与えられた(張二〇〇〇:二四二)。元々スコットランド民謡であった曲のメロディーが時代を超え、さらには地域や言語の壁を越えて伝播し、しかも、歌詞の付け方や曲の用いられ方によって全く異なる意味を持つようになったというのは興味深い点である。

グローバライゼーションのベクトル

だが、一つのメロディーが容易に世界各地に広まるとはいえ、音楽の「普遍性」については留保が必要だろう。明治維新の前後に日本を訪れた西洋人は、日本人の音感の「悪さ」に驚き、日本人の側は西洋音楽を理解不能なものとみなした。当時においては、音楽のイディオムが日本と西洋の間であまりにも違っていたからである(千葉二〇〇七:九―一一)。それは、日本が五音音階で西洋が七音音階といった単純な話ではなく、ドとレとミといった音と音の間の音程関係、楽器の音や発声法に対する美意識など、ありとあらゆる面に及ぶ相違であった。加えて、この時重要であったのは、日本社会において自国の「遅れ」が自覚され、西洋の「優れた」モデルを取り入れる必要性が強く認識されたことである。結果として日本の伝統的音楽は「劣った」存在と位置づけられ、西洋音楽のイディオムを前提とする音楽教育が導入されていく。現在の私たちが、ジャンルを問わず世界各地の音楽を「理解」することができるのは、西洋音楽がデファクト・スタンダードとしてグローバル化した結果でもある。「音楽に国境はない」とはよく耳にする言葉であるが、実際のところは、西洋を世界標準とする音楽の均質化によって初めて成り立つ表現と言える。

明治前期における音楽の近代化を説明するうえで、必ずと言ってよいほど挙げられるのは、アメリカの音楽教育家であり御雇外国人の一人として来日したL・W・メーソン、および東京音楽学校（後の東京藝術大学音楽学部）の初代校長となった伊澤修二であろう。先に言及した『小学唱歌集』初編の編纂作業を担ったのは、主にこの二人である。後にメーソンが亡くなった際、伊澤は追悼文を寄せ、米国留学中の出会いから約二〇年にわたる彼との親交について詳細に綴っているが、そこには二人の間柄だけでなく、音楽をめぐる日本と西洋の関係性もよく表れている（伊澤一八九七：三三五―四五）。

伊澤は創設されたばかりの愛知師範学校の校長を二〇代前半で任され、その数年後には、初等学校、特に音楽と体育の教育メソッドを習得すべく官費留学生としてアメリカに派遣された。優秀であった彼は留学先でも困難を感じることはなかったようだが、唱歌だけは歯が立たず、「終日悔し涙に泣き暮し」（同：三三六）ていたのだという。しかし、彼はメーソンに出会い、直々に指導を受けるという幸運に恵まれる。東洋人たる彼の「未開耳」（同：三三七）は開かれ、「正しい」音程で発声することも可能となった。ただし、彼は音痴であったが故に苦労したというわけではないだろう。むしろ、出身国での音感覚をしっかりと身に付けていたがために、西洋音階とのギャップに苦しんだのではないかと思われる。いずれにせよ、自分自身の「改良」に成功した伊澤は、日本国内だけでなく、後に植民地となった台湾でも「文明化」の担い手たるべく唱歌の指導を行った。後年、彼は伴侶を亡くしたばかりのメーソンを励ますつもりで、以下のように書き送ったという。

…君〔メーソン〕が日出国に創められたる真実の音楽は、早くも赤道直下の台湾まで渡り来りて、今は蝶々や蛍の光さえ土人の口より歌わるる…(同：四四)。

メーソンなど多数の御雇外国人による支援を得て日本は近代化を果たし、今度は日本人自身が近代の恩恵を東アジア地域にもたらそうと考え始める。西洋から得られた知見を自家薬籠中の物とした伊澤もまた、帝国の立場で植民地の「土人」を「改良」することに強い使命感を感じていたのだろう。それは、「蝶々」や「蛍の光」などの唱歌を通して西洋音楽を「普遍化」していく過程でもあった。

ローカライゼーションのベクトル

音楽のグローバル化を考えるうえでは、キリスト教の布教活動も重要な要素である。「蛍の光」の元になった「オールド・ラング・ザイン」、あるいは「蝶々」の元になったドイツ民謡のメロディーなどは、讃美歌としても日本に伝わっている。正確には、唱歌よりも讃美歌の方が先行していたと言うべきかもしれない。当時は、アメリカを中心とするキリスト教伝道団がアジア太平洋地域で積極的に布教活動を行っていた時期と重なっていたからである。例えば、「オールド・ラング・ザイン」のメロディーが現地の讃美歌集に初めて登場したのは、ハワイで一八三四年、クック諸島で一八五三年、ポンペイ島(現ミクロネシア連邦)で一八五七年である(櫻井ほか二〇一五：一九九―二一四)。なお、多くの宣教師を太平洋各地に運んだのは、海流に乗ってマッコウクジラを追う捕鯨船であった。一九世紀前半に最盛期を迎えた捕鯨のルートは伝道航路ともなり、讃美歌と共に西洋音楽のイディオムを、キリスト教と共に「文明化」をこれらの地域にもたらした。だが、それぞれの島で育まれていたはずの伝統的音楽は「野蛮」と見なされ、そのまま失われてしまうことも多かったようだ（安田二〇〇八：五三―六二）。

これに対して日本はどうだったのか。江戸時代から続くキリスト教禁制が正式に解かれたのは一八七三（明治六）年である。歌詞が日本語に訳された讃美歌集は、その翌年より相次いで発行されるようになった。「オールド・ラング・ザイン」についても「たみみなよろこべ　きみきたりて」などのタイトルで讃美歌集に収められている。御雇外国人のメーソン自身も敬虔なクリスチャンであり、音楽によってキリスト教伝道に貢献したいと考えていたようである。当時の明治政府は「耶蘇教」に対して依然として強い警戒心を抱き、西洋音楽をそのまま導入することについても否定的であった。だが、最初の音楽教科書となった『小学唱歌集』（全三冊・計九一曲）には、少なくない数の西洋の民謡や唱歌、讃美歌が含まれていた(1)。

例えば、「蛍の光」と同じくこの唱歌集の初編に収められた「君が代」も、讃美歌として知られるメロディー（現行の国歌とは異なる）に日本語の歌詞を付したものである。あくまで仮説であるが、明治政府が神を称え敬う讃美歌に注目し、それを天皇への忠誠心を生み出す道具に転用しようとした可能性も指摘されている（櫻井ほか二〇一五：一八四）。当時のエリートたちは、和洋折衷の形であれ「国楽」の樹立を目指し、その出発点として生み出されたのが唱歌であった（塚原二〇〇九：一〇七―一一九）。当初は、学校教育の場でキリスト教会と同じようなメロディーが使われていることに対し、一般人から苦情が寄せられることもあったという（千葉二〇〇七：七一―七二）。だが、その矛盾に気づいた人々は少数に留まったようだ。音楽のグローバル化を担った讃美歌は、日本においても教会やミッション・スクールにて歌われるようになったが、他方では「国楽」創出のための基盤としても機能したことになる。

日本におけるこうした音楽受容は、グローバル化する西洋音楽を受け止めつつも、それを独特の方法でローカライズした一つの例と捉えることができよう。そして日本自身が帝国となり、音楽を含む「普遍的」文化の発信者になると、さらに異なるローカライゼーションのパターンが生み出されることになる。

例えば朝鮮半島においては、キリスト教伝道団による布教活動が一八八〇年代より開始され、ミッション・スクールも多数設立された。特徴的であったのは、このミッション・スクールが独立運動や日本に対する抵抗の砦となった点であろう(高二〇〇四：二二)。「オールド・ラング・ザイン」のメロディーについては、一八九四年に初めて讃美歌集に取り入れられ、その二年後に独立門の定礎式が行われた際に愛国歌として用いられている。これに対し日本は、一九〇五年の日韓保護条約以降、大韓帝国(当時)への介入の度合いを強め、自国の唱歌教育を朝鮮半島に移植しようとした。韓国併合の年である一九一〇年には『普通教育唱歌集　第一輯』が刊行され、卒業式の歌として「オールド・ラング・ザイン」のメロディーが掲載された(同：四五)。言うまでもなく、このメロディーに「不穏な」歌詞を付すことは禁じられた。一九〇八年に発行された歌詞のみの讃美歌集には愛国歌が掲載され、「オールド・ラング・ザイン」の旋律で歌うよう指示されていたが、当局より発禁処分を受けている(同：六二―六七)。

「オールド・ラング・ザイン」のメロディーは朝鮮半島だけでなく中国大陸や台湾にも伝わり、今もなお広く知られる歌として各地で定着している。だが、単に独立や抵抗の歌というだけでなく非公式の国歌とまで位置づけられたのは朝鮮半島だけであろう。その背景には、この地域特有の経緯、すなわち、讃美歌として伝播したメロディーが愛国歌として先に用いられ、その後の植民地教育によって「蛍の光」がもたらされたという経緯があったのではないか。音楽のグローバル化によってメロディーが世界各地に伝わるとはいえ、その伝播の仕方は一様ではない。「オールド・ラング・ザイン」は、音楽が各地のローカルな関係性の網の目に放り込まれることにより、その意味内容が多彩に変容したことの典型的な事例と言える。(2)

二　多様な事例から関係性を読み解く

前節では「蛍の光」のメロディーを例として取り上げ、支配と抵抗、グローバライゼーションとローカライゼーションという四つのベクトルの作用について検討した。ここからは、本巻にて取り上げる事例を元に、これら四つのベクトルの交錯について考えてみたい。

サッカーにおける支配と抵抗

支配のベクトルについては、サッカーを扱った第六章の細田論文と第七章の服部論文において端的に示されている。むろん、サッカーが単純に統治の道具となるわけではない。スペインのフランコ独裁時代に焦点を当てた細田論文では、サッカーが大衆動員の手段として用いられながらも、一種の

「ガス抜き」の場となっていた点が指摘されている。例えば、当時は公的空間での地域語の使用が禁じられていたにもかかわらず、バルセロナのスタジアムではカタルーニャ語での会話が黙認されていた。また当地の強豪チーム、バルサ(FCバルセロナ)がレアル・マドリードと試合を行う際には、サポーターたちの応援は政治的色彩を帯び、中央政府との戦いといったニュアンスが加わった。スペインでは一九三〇年代の内戦期に地域のコミュニティーが破壊され、フランコ政権下で中央集権化が進められたが、それより前の一九世紀末にカタルーニャのクラブとして設立されたバルサは、地域の独自性を守る存在として機能してきたと言える。

ロシアを扱った服部論文では、プーチン政権によるフーリガンの政治利用が指摘されている。二〇一一年末から一二年初頭にかけて、モスクワなどで大規模な反プーチン・デモが繰り広げられた際には、少なくないサポーターが、おそらくは金銭的な見返りを得つつ運動の弾圧に加担したと言われている。オリンピックに向けての選手育成と一連のドーピング疑惑、二〇一八年にロシアで開催されたサッカーのワールドカップは、国家によるスポーツへの全面的な関与を示す象徴的な事例でもあった。ただし、動員という側面はあるにせよ、ワールドカップでのボランティアの活躍は同国のイメージを改善するのに貢献したようだ。最近では、サポーターたちが政府に対する抗議デモに加わるケースも出てきている。即断はできないものの、こうした現象は、プーチン政権に対する国民の姿勢、ひいては国家と社会の関係性の変化を示しているのかもしれない。

コラム2(菊池)などで指摘されているように、サッカー界においてもグローバル化の流れは顕著である。一九八〇年代より何度も経済危機に見舞われたアルゼンチンでは、各クラブは移籍金目当てにスター選手を欧州リーグに放出した。現在では、数多くのアルゼンチン系選手がスペインやイタリアで国籍を取得し、場合によってはワールドカップでも移籍先の代表としてプレーしている。だが、スポンサーや所属選手が多様化しつつも、どのクラブを応援するかという点は、多くの人々にとってアイデンティティーやナショナリズムに関わる問題であり続けている。

市場原理を介しての音楽の伝播

次に音楽について考えてみよう。日中戦争期の日本を扱った第三章の辻田論文では、流行歌としての軍歌に焦点が当てられている。軍歌と聞くと国家が国民に軍国主義を押しつけるツールと単純に考えがちであるが、昭和戦前期の日本ではレコード産業が発達し、大量の軍歌が娯楽として消費されていた。日中戦争下において日本軍が華々しく活躍すると軍歌のレコードが売れ、戦況が膠着すると非軍事的な流行歌がもてはやされた。作詞・作曲家の多くは需要に応じて軍歌と流行歌の両方を提供したが、そもそも両者のあいだに明確な区別はなかった。戦時体制は政府や軍部によって一方的に構築されたのではなく、時局に便乗して利益を得ようとするレコード産業などの企業、そして戦争を娯楽として消費しようとする大衆によって支えられた。

人々を戦争へと駆り立てる軍歌が市場原理に則って流通すれば、抵抗の音楽もまた市場の力を借りて伝播していく。その点は、中東のラップを扱った第五章の山本論文において示されている。二〇一一年のいわゆる「アラブの春」では、ラップが異議申し立ての手段として注目された。「アラブの春」が「ヒップホップ革命」とも呼ばれた所以である。その過程において、抗議そのものが市場で売れる

「商品」ともなった。アラブ系イスラエル人によって結成された人気グループのＤＡＭは、政府に対する主張をラップの形で表現し、パレスチナ人社会での支持を獲得すると同時に、音楽配信サービスとも提携することによって世界的に知られるようになった。だが他方では、音楽配信サービスにとっても、アラブ系ラッパーを取り込むことは、イスラーム圏を中心とする億単位の新規市場の開拓につながる。ＤＡＭとしては、グローバル資本との一種の「共犯」関係を認識しつつも、ローカルな場での抵抗とグローバルな連帯の両立を目指しているのであろう。

これに対し、グローバルに普及した音楽ジャンルがローカルな場に固定化される事例も存在する。旧ユーゴスラヴィアを扱った第四章の山崎論文によれば、社会主義時代に発展した独特のロック音楽は、一九九〇年代の紛争によって連邦国家が解体した後も再生産され続けている。ロックに対する愛着は、かつてのユーゴスラヴィアに対するノスタルジーとも重なっているのであろう。他の旧東欧諸国では西側文化に対して強い制限がかけられ、ロックが抵抗の手段ともなった。だが、多民族国家であった同国では、ロックが個々の民族文化を跨ぐ形で普及し、「ユーゴスラヴィア文化」を担う存在となった。皮肉なことに、このロックが「黄金期」を迎えたのは一九七〇年代半ばから九〇年前後にかけての時期、すなわち、同国の政治が不安定化し、個々の民族主義が高まった時期である。ロックが今もなお継承国家の人々を結びつける回路となっている背景には、そうした点も作用していると考えられる。

装いからみえる複雑な関係性

スポーツや音楽については、人間が能動的に関わるものであり、そこから何らかの主体的意図や関係性を読み取ることは比較的容易である。これに対し、装いは身体に文字どおり密着する存在であり、人間はそこから片時も逃れることはできない。人と人との接触が生じる全ての場において、私たちは相互の装いを確認し、日々更新されるドレス・コードの構築に関わっている。そうである以上、装いからみえてくる関係性は、スポーツや音楽以上に錯綜したものになるだろう。以下、その点について検討しておきたい。

戦前のアジアを扱った第一章の森論文では、女性のキモノに焦点が当てられている。元々「衣服一般」を指す言葉であった日本語の「着物」は、西洋のジャポニズムにおいて「発見」され、それが日本に逆輸入されることによって和服を意味する言葉に変容した。その言葉が近隣のアジア地域に広まるきっかけをつくったのは、「からゆきさん」と呼ばれるセックスワーカーである。それと同時に、日本がアジアに勢力を拡大していくにつれ、フォーマルな場で日本人女性が着用するオーセンティックなキモノのイメージも伝播していく。キモノが主として女性の衣服を指すようになったことも重要なポイントであろう。キモノは、日本社会の洋装に対する一種の対抗、および、アジアに対する自らの優位を示すツールとして機能したが、他方では、男性が女性を客体化し、従属化する役割も果たしたように思われる。

男性の装いに関しては、コラム1(劉)が二〇世紀初頭の日本と中国の事例を取り上げている。日清戦争によって両者の関係性が逆転し、日本の近代化が成功モデルと認識された結果、中国においても日本の学生服が教育の場に導入されるようになった。これに対し日本では中国を下位に見る傾向が強まっていたが、作家の芥川龍之介のように中国服(支那服)を好んで着用する日本人は少なからずいた。当時は、漢文の素養が依然として教養の重要な部分を占めていた時代である。中国服を着る実際の理由は様々だったが、そこには中国の伝統文化に対する愛着といった側面も含まれていたようだ。

西洋の様式が世界各地に伝播していくという大きな流れに関しては、装いについても前節で述べた音楽と同様の構図が見られる。だが、イスラームのヴェールをめぐる対立には注意が必要だろう。これに関しては、フランスの公立学校でのスカーフ禁止が二一世紀初頭に国を二分するような論争となった点が良く知られているが、ムスリムが大半を占める社会においても、女性の装いについての対立が生じている(ロス二〇一六：二七六―二八一)。

第二章の帯谷論文にて取り上げられる旧ソ連のウズベキスタンでは、国民の九割以上がムスリムである。同国は共産党主導による急激な近代化を経験し、伝統的な女性用ヴェールは「進歩」の名の下で排除された。ところが、二〇〇〇年代に入ってからはファッションとしてのヴェールが女性の間で流行するようになり、当局による警戒の対象となった。結果として、イスラーム過激主義に結びつきかねない「危険な」装いと民族の伝統に則った宗教性のない「良いスカーフ」が区分けされ、後者だけが許容された。権威主義体制を維持する同国政府は、男性のあご髭といった要素も含め、近年ますますナショナルなドレス・コードに固執するようになってきている。だが、過度にイスラーム的でもなく、過度に西洋的で風紀を乱すファッションでもなく、かつ、祭事用の伝統的民族衣装でもない装いを追求した結果、当局によって提示されたのは、さして特徴のない「普通の洋装」であったという。

世界各地の装いは、地域・民族・信仰によって多様な個性を持つように見えつつも、結局のところは、グローバル化(=西洋化)の洗礼を受けた上に成立しているだけなのかもしれない。

メディアの発達が関係性を変える?

ここまで、装い・音楽・スポーツという文化現象から多様な関係性について考察してきた。「オールド・ラング・ザイン」のメロディーは、スコットランドから大西洋を越えてアメリカへと伝わり、太平洋の島々、そして日本や朝鮮半島、中国へと伝播していった。見方を変えれば、ある特定のメロディーがグローバルなネットワークを形成し、当事者の思惑とは全く関係なく世界の人々を結びつけたということになる。似たようなことは装いやスポーツについても言えるだろう。ヨーロッパ起源の洋服やサッカーは、各地で様々な「逸脱」や反発を生みつつも、一種の共通言語となり、人々をつなぐ媒体(メディア)となった。

言うまでもなく、ネットワークの規模は通信手段や移動手段によって規定される。コミュニケーションの範囲は技術の進展によって徐々に拡大してきたが、新たなテクノロジーによって革命的な変化が起きることもある。その重要なポイントの一つが激動の年とされる一九六八年であろう。一九六〇年代は、テレビが急速に普及した時代である。六七年には世界初の多元衛星生中継が実施され、ビートルズのレコーディング風景が日本を含む二四カ国に放送された。六〇年代末に各地で抗議行動を始めた若者たちは、テレビというメディアを介して、世界との連帯を意識するようになった。フランスの「五月革命」で指導的役割を果たしたダニエル・コーン=ベンディットは、まさにテレビを通じて世界の仲間と知りあいになったのだという(カーランスキー二〇〇八：後編三六)。ただし、彼は続けて以下のようにも語っている。

われわれは最初のテレビ世代だった。おたがいに結びつきはなかったけど、テレビに映るおたがいの映像を見て作りあげたそれぞれのイメージで結ばれていたんだ(同)。

コーン＝ベンディットは、世界各地の運動と接触があったものの、実際に運動の担い手たちと会って意見交換をするといったことはあまりなかったようだ。大多数の若者たちも彼と似たようなものであり、世界とリアルにつながるというよりは、つながったと思い込んだというのが実情だった。つまり、運動の担い手たちは国際的な連帯を意識しつつも、結局のところは、お互いの状況を良く分かっていなかったということになる(小熊二〇一八)。文化大革命や『毛沢東語録』がもっぱらイメージとして世界で持てはやされたことは、その代表的な例であろう。コラム3(梅﨑)では、アメリカの若者たちが文革と毛沢東そのものを信奉したというよりはむしろ、自らが抱える問題へのオルタナティブとして、選択的にそのイメージを参照したという点が指摘されている。

だが、一種の思い込みであったにせよ、その「埋め込まれた」関係性(本叢書第一巻第一章を参照)がリアルなネットワークを生み出すことにもなる。べ平連の初めてのデモは、日英米、そしてガーナの平和団体との同時デモとして一九六五年に行われている(小熊二〇一八：一二)。代表の小田実は、国際電話という新しい道具によって世界と実際につながれることを示したと言える。アメリカまでわずか二分でつながる電話は、当時としては画期的なツールだった。

ちょうど同じ頃にインターネットの原型となるシステムが生まれたことにも注目すべきだろう（ファーガソン二〇一九：下一六九―一八一）。史上初のコンピューター間の対話が実現したのは一九六九年である。その背景には核戦争の脅威があった。ソ連からの攻撃を受けて多くの部分が破壊されたとしても、中心を持たない分散型の構造であれば、通信システム自体は生き残る。こうした発想の下、相互に通信可能な網の目状の水平的ネットワークが増殖していく。一九七〇年代以降に拡大を始めたサイバー空間は、冷戦終結後に一気に膨張し、国境を軽々と越えて世界中を網羅するようになった。特にフェイスブックなどのソーシャルメディアは、これまで考えられなかったような形のネットワークを生み出し、社会における関係性を根本から変え始めている。

言葉の復権と関係性の新たな構築

とはいえ、インターネットの急速な普及が様々な歪みを生み出していることも事実である。サイバー空間は、考え方の異なる人々が出会い、知見を広げていく場ではなく、似たような思考の人々だけが集まり、考えを先鋭化させる共鳴の場（エコーチェンバー）となってしまっている。さらには、ソーシャルメディアを駆使して社会の分断を煽り、現実の世界を変えようとする政治家も台頭するようになった。最近では、現在の状況を活版印刷が発明された時代と比較する議論も多数見られる（モンク二〇一九：一四一―一四五）。それによれば、印刷機の効力を端的に示したのはマルティン・ルターの言葉である。彼の主張は数年の内に二五万部も刷られ、当時のヨーロッパに絶大なる影響を与えた。だが、新しいアイデアの急速な伝播は、不安の増幅と対立の激化を招くことにもなる。一六世紀から一七世紀にかけて宗教紛争が多発し、また、魔女狩りの横行によって多くの犠牲者が出たことは、印刷メディアの普及がもたらした負の側面である。

長期的な視点から見れば、印刷術の技術革新は人類に計り知れない恩恵をもたらした。インターネットもそうであろう。情報通信技術は、あくまで人間にとっての道具のはずである。ところが、少なくとも現時点の私たちは、真偽すら定かではない大量の情報に振り回されてしまっている。誰かによって発信された無責任な言葉が多くの人々を虜にし、その人間自身が媒体（メディア）と化すことで、また別の人々が巻き込まれていく。この悪循環から脱却し、私たち自身が関係性の網の目のなかで主体性を取り戻すためには、結局のところ、言葉が鍵となるのではないか。必要なのは、耳目を集めるだけの軽い言葉ではなく、より望ましい社会へと向かうための建設的な言葉である。

本巻の最後となる第八章の後藤論文では、その言葉についての検討が行われている。具体的には、一九七〇年代のアメリカで生み出された「セクシュアル・ハラスメント」である。男性優位社会のなかで無視されてしまっていた女性への性的いやがらせや暴力は、言語化されることで可視化され、同じ問題に悩む女性たちの連帯を生み出すことになった。また、この言葉は世界各地へと伝わったが、全ての地域に同じような形で伝播したわけではない。日本では仮名書きの「セクシュアル・ハラスメント」が使われ、どちらかと言えば「直輸入」の形で概念が普及したのに対し、エジプトでは、元の言葉よりも深刻さの度合いの高い訳語が当てられ、社会全体の問題として取り組む運動が展開されるようになった。今後は、こうしたエジプト流の問題認識が世界で共有されていくことも必要だろう。

最近では、ツイッターによる#MeToo運動がアメリカで始まったのに対し、日本では#WeTooが発信されるなど、短期間の内に多様な反応が見られるようになった。これまでは被害者だけの問題とされがちであった運動が、世界各地でシェアされるうちに鍛えられ、社会全体を包み込むより強固な動きへと発展していく。こうした双方向的な関係性の構築こそが、今、求められているように思われる。

おわりに

二〇二〇年に世界中に広がった新型コロナウイルス感染症（COVID-19）は、本巻で扱う文化現象以上に関係性を可視化する力を持っているようだ。個々人の行動や交友関係、あるいは挨拶の仕方や手洗いなどの生活習慣、果ては国家のガヴァナンス（統治能力）に至るまで、一定の留保は必要であるにせよ、感染拡大の状況によって全てが露わにされてしまうからである。

また、新型ウイルスに対する不安や恐怖は、外国人に対する排外主義や差別として表れたり、自粛要請に従わない者への過剰な相互監視に転化したりする。国際関係への影響も甚大と言わざるをえない。文字通りのグローバルな危機に対し、国際社会は一致協力してウイルスに対抗しなければならないにもかかわらず、自国の利益を優先しようとする動きが目立ってしまっている。ウイルスは自らの意志を持たず、そもそも生物かどうかも怪しい存在である。しかしながら、この新型コロナウイルスはグローバル化した人類のネットワークを乗っ取り、今や、そのネットワークを使って人類を客体化し、弄んでいるかのようにみえる。

とはいえ、新型ウイルスが世界を根本から変えてしまったわけではない。このウイルスは、世界中の人間が密接につながっているという当たり前の事実を、感染拡大という厄介な形で示しているだけではなかろうか。複雑に絡み合ったネットワークの網の目のなかで、私たちが主体的な存在として生きていくためには、建設的な言葉によって双方向的な関係性を構築し、相互に対等な立場で文化を共有していくことが不可欠であろう。

注

(1) 櫻井ほか(二〇一五)によれば、唱歌に使われたメロディーの原曲が西洋起源であったとしても、それが讃美歌か世俗歌のどちらであったかを正確に判定するのは困難である。例えば「オールド・ラング・ザイン」のメロディーは、現在では讃美歌として用いられることはほとんどないが、一九世紀には讃美歌として使われた事例が幾つも見られる(同:一三四、一四五)。また、同書巻末に収められた『小学唱歌集』全曲の原曲リストも参照。なお、メーソンが編集に関わったのは『小学唱歌集』の初編のみである。

(2) 東アジア諸国における音楽教育については、参考文献リストに掲げたもののほか、以下が挙げられる。高婷《コウセイ》(二〇一〇)『近代中国における音楽教育思想の成立――留日知識人と日本の唱歌』慶應義塾大学出版会、藤井浩基(二〇一七)『日韓音楽教育関係史研究――日本人の韓国・朝鮮表象と音楽』勉誠出版、劉麟玉《リュウリンギョク》(二〇〇五)『植民地下の台湾における学校唱歌教育の成立と展開』雄山閣。

参考文献

伊澤修二(一八九七)「メーソン氏を弔ふ」『同声会雑誌』六号
奥中康人(二〇〇八)『国家と音楽――伊澤修二がめざした日本近代』春秋社

小熊英二（二〇一八）「「1968」とは何だったのか、何であるのか」『思想』一一二九号
カーランスキー、マーク（二〇〇八）『1968――世界が揺れた年』（全二巻）越智道雄監修、来住道子訳、ヴィレッジブックス
久保亨（二〇一九）『日本で生まれた中国国歌――「義勇軍行進曲」の時代』岩波書店
高仁淑（二〇〇四）『近代朝鮮の唱歌教育』九州大学出版会
櫻井雅人、ヘルマン・ゴチェフスキ、安田寛（二〇一五）『仰げば尊し――幻の原曲発見と「小学唱歌集」全軌跡』東京堂出版
千葉優子（二〇〇七）『ドレミを選んだ日本人』音楽之友社
張前（二〇〇〇）「中国学校唱歌をめぐって」安田寛編集代表『原典による近代唱歌集成――誕生・変遷・伝播（CD三〇枚組）』（解説・論文・索引）ビクターエンタテインメント
塚原康子（二〇〇九）『明治国家と雅楽――伝統の近代化／国楽の創成』有志舎
中西光雄（二〇一二）『「蛍の光」と稲垣千穎《ちかい》――国民的唱歌と作詞者の数奇な運命』ぎょうせい
ファーガソン、ニーアル（二〇一九）『スクエア・アンド・タワー』（全二巻）柴田裕之訳、東洋経済新報社
福田宏編（二〇一九）『サッカーとグローバル関係学』（Seijo CGS Working Paper Series, No. 16）成城大学グローカル研究センター
閔庚燦（二〇〇〇）「韓国の唱歌――近代音楽の形成過程における受容と抵抗の歴史」安田寛編集代表『原典による近代唱歌集成』（解説・論文・索引）ビクターエンタテインメント
モンク、ヤシャ（二〇一九）『民主主義を救え！』吉田徹訳、岩波書店
安田寛（一九九三）『唱歌と十字架――明治音楽事始め』音楽之友社
安田寛（一九九九）『日韓唱歌の源流――すると彼らは新しい歌をうたった』音楽之友社
安田寛（二〇〇八）『日本の唱歌と太平洋の讃美歌――唱歌誕生はなぜ奇跡だったのか』（奈良教育大学ブックレット二）東山書房

山室信一（二〇一八）「唱歌と空間心性そして植民地」永澄憲史ほか『唱歌の社会史――なつかしさとあやうさと』メディアイランド
ロス、ロバート（二〇一六）『洋服を着る近代――帝国の思惑と民族の選択』平田雅博訳、法政大学出版局
〔CD〕（二〇一四）『蛍の光のすべて（改定版）』キングレコード

I

装い

第1章 「キモノ」表象の民族主義と帝国主義

森　理恵

一　「キモノ」の登場

一九世紀後半―二〇世紀前半における衣服のトランスナショナル、トランスリージョナルな循環のなかで、日本のキモノ（定義、表記法については後述）はどのような移動、流通、定着、変容の軌跡を描いたのだろうか？　これが本稿の問題関心である。

現代日本で「キモノ」というと、成人式などの儀式で着用されたり、旅館の女将に代表されるような「和風」の接客業で仕事着として用いられたり、あるいは「コスプレ」で自由にアレンジされたり、と無害で明るいイメージがある。しかし、近いところでは「愛国心教育」を盛り込んだとされる二〇〇六年の教育基本法改正を受けた二〇〇八年改訂の「中学校学習指導要領　技術・家庭」で「和服」の項目が入れられ、さらには、二〇一七年改訂の「小学校学習指導要領（解説・家庭編）」にも「和服」が入り、現実に家庭科教育のなかで浴衣の着付けなどの授業が行われている。「愛国心」と衣服が密接に結びつけられているのである。また、アジア太平洋戦争中の「婦人標準服」制定をめぐっては、戦時に対応した動きやすい衣服の中に、いかに「和服」の要素を盛り込むかをめぐって多くの議論が交わされた。このように、近代日本の歴史のなかで、キモノは時々の政治状況や思想と関わりながら変転し、製作され、着用され、表象されてきたわけであるが、それは何も「日本」の内地や国内にかぎったことではない。

本稿では、視野を一九世紀末から二〇世紀前半のアジアに広げてキモノの表象を検討し、ファッションと民族主義、帝国主義がどのように関わってきたのかを考察する。最初に本節で「キモノ」という概念の成立を概観したあと、第二節では一九世紀末から二〇世紀初めの東南アジアで撮影された写真のキモノ表象を検討し、第三節では、日本統治下の台湾と朝鮮の文学におけるキモノの表象を論じる。最後に第四節では、太平洋戦争期の日本のプロパガンダにおけるキモノ表象を論じる。

「キモノ」とは？

ところで現在「グローバル」に「キモノ」として認識されるような衣服（主に女性用と考えられており、ワンピース形式で、袖が大きく、広げるとT字型になる、「日本特有」と考えられている衣服）の類型はどのようにして成立したのだろうか？

ヨーロッパには一九世紀後半の日本の開国期より、浮世絵や日本の衣服そのものが持ち込まれ、そのなかで「キモノ」の概念が広まっていった。日本語の「着物」は元来、着る物、すなわち衣服一般を指していた。近代初期には人々の一般的な衣服であった長着をも指したが、これが現在のような意味になったのは外国語となった「キモノ」という語の逆輸入であると考えられる(森二〇一五)。ヨーロッパを中心とするジャポニスムにおける「幻想の日本」のなかでは、日本では誰でもが着ていた「着物」は女性、とくに「ゲイシャ」の衣服と考えられ、フェミニンでエロティックな意味が付与されていった(Corwin 1996)。外国でキモノが女性用と考えられがちなのはそのためである。一方アジアには、同じ時期に第二節で考察する「からゆきさん」等「キモノ」を着た人々が移住していたわけであるが、その衣服が「キモノ」と呼ばれたのは、ヨーロッパからの帝国主義の展開によるものである。帝国主義の展開のなかで、キモノ概念は「からゆきさん」たちの働くアジアに輸出され、セックスワーカーや接客業の女性たちの制服のようにもなったのである。本稿では、キモノの背後にあるこのようなグローバルな関係性に視座を置く立場から、「キモノ」とカタカナで表記することとする。

二　「からゆきさん」のキモノ表象

「からゆきさん」とキモノ

近代アジアにキモノを広めるのに重要な役割を果たしたのは、「からゆきさん」と呼ばれるセックスワーカーたちである。一九世紀後半より経済活動を目的とした人々が日本から東南アジアに移住したが、その先駆けは性産業従事者、すなわち、娼館経営者、売買春斡旋人、そしてセックスワーカーたちであるとされる。その後、彼らの需要を満たすために衣服や雑貨を商う小売商が移住したが、これら初期の移住者は下層階級の出身であった(清水・平川一九九八：二一―二三)。東南アジアへ渡った

「からゆきさん」の総数は不明であるが、清水・平川は外交史料等より、二〇世紀初めの「日本人娼婦数」を、シンガポールで五〇〇―六〇〇人、ペナンで二〇〇人程度(「妾」を含む)、マラッカで一〇―五〇人(同上)としている(同:二五)。一方、一八九〇年にシンガポールの海峡植民地政庁に登録された娼館で働く女性は、中国人一九一一人、日本人一四八人、インド人二七人、マレー人二〇人であるという(同:二九)。東南アジアには、さまざまな民族のセックスワーカーたちがいた。また、日本のセックスワーカーは日本人客だけを相手にしていたわけではなく、マレー人、中国人、インド人、ヨーロッパ人など、さまざまな地域の出身者を客とし、衣装にはキモノと各地の服装を併せ用いていた(Warren 1993: 268=二〇一五:二七〇)。現地には呉服屋や呉服行商が多数進出しており(清水・平川一九九八:五〇―五一、七九)、「からゆきさん」の需要に応えていた。

シンガポールのMr and Mrs Lee Kip Lee collectionに含まれる肖像写真から、彼女たちのファッションを見ていこう。図1-1は、一八六〇年代にシンガポールで撮られたという名刺判写真である。「からゆきさん」と思われる人物がキモノを着て三味線を持ち、高下駄を履き、多文化混淆のようなセットのなかでこちらを見据えている。図1-2は一八七〇年代にサイゴンで撮影されたとされる写真で、掛け襟を光らせたキモノ姿の人物が、絨毯の上に置かれた椅子に裸足で座る。図1-1と図1-2の二人のキモノ姿は同時期の日本にあってもおかしくない姿だが、図1-3は少し様子が違う。一八七〇年代にシンガポールで撮影されたというこちらの写真の人物は、長襦袢にも見えるような大柄のキモノを、同時期のヨーロピアンスタイルのように胸を膨らませて細めの帯をきつく締め、手には、やはりヨーロッパ風の扇を持つ。履いているのはビーズのスリッパである。背景も中国風の陶器、ト

図 1-1　キモノを着た女性　撮影者不明（シンガポール，1860 年代）　アルブミン・プリント（カルト・ド・ヴィジット）　Mr and Mrs Lee Kip Lee collection, Singapore

図 1-2　キモノを着た裸足の女性　撮影者不明（サイゴン，1870 年代）　アルブミン・プリント（カルト・ド・ヴィジット）　Mr and Mrs Lee Kip Lee collection, Singapore

ルコ風のタピストリーなど、まさに異文化混淆である。図1-4は、ジェームズ・フランシス・ワレン『阿姑とからゆきさん』に別プリントが掲載されている写真であるが（Warren 1993 : pl. 20）、こちらの人物は長い髪を結わずに垂らしパンプスを履く。こうした写真は営業用に使われたのであろうか。いずれにおいても、写真館の背景はトルコ風かペルシャ風の絨毯やカーテンと遺跡のような建築物の一部が使われ、「オリエンタル」で「エキゾチック」な雰囲気を醸し出す。

図 1-3　キモノを着た女性　撮影者不明（シンガポール，1870〜1880 年代）　アルブミン・プリント　Mr and Mrs Lee Kip Lee collection, Singapore

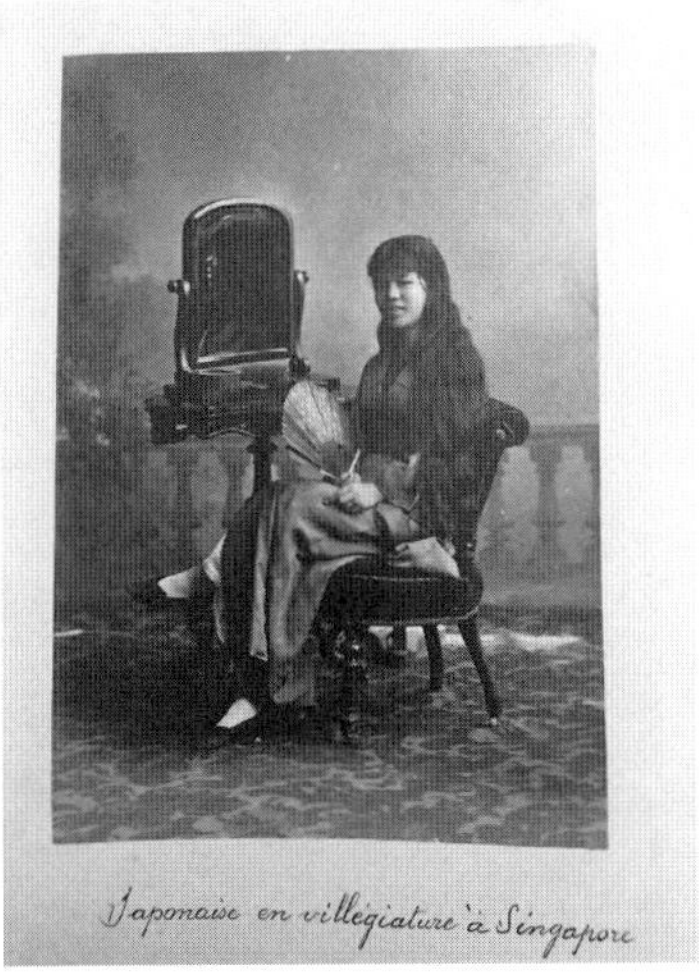

図 1-4　キモノを着た女性　撮影者不明（シンガポール，1870〜1880 年代）　アルブミン・プリント　Mr and Mrs Lee Kip Lee collection, Singapore

ピーター・リーは図1-3の人物のファッションを、当時のシンガポールの「実験的ハイブリッドファッション」(experimental hybrid fashion)の一例として挙げている(Lee 2016: 73)。リーによれば、一九世紀後半から二〇世紀初めのシンガポールにおいては、さまざまな場面において、マレー、中国、インド、トルコ、エジプト、ヨーロッパなど、さまざまな様式のファッションが、まさに「実験的に」組み合わされていた。図1-4の写真のマウントには"Japonaise en villégiature à Singapore"(シンガポール保養地の日本女性)と書かれているが、これらの写真の像主たちが実際に日本からの渡航者であるかどうかは不明である。もしかすると他地域の出身者が、ファッションアイテムとしてキモノをまとい、肖像写真を撮らせたのかもしれない。重要な点は、「実験的ハイブリッドファッション」の中に、日本のキモノもしっかりと組み込まれていたということである(Mori 2018: 394)。これらの写真から私たちは、一九世紀末の東南アジアにおける、キモノの移動、変形と適応、多文化のなかでの混淆を見てとることができるのである。

図1-5　キモノを着たカップル(シンガポール，1900～1910年代)　ゼラチン・シルバー・プリント　Mr and Mrs Lee Kip Lee collection, Singapore

ところが二〇世紀に入ると、以上のような写真とは別種の写真があらわれる。当時の日本内地の規範にしたがったキモノ姿を写したものである(図1-5)。とくに、結婚式や誕生祝いの記念写真ではむしろ、必要以上に規範にのっとった、礼儀正しく厳格なキモノ姿となっている。こうした内地の規範に忠実なキモノ姿の写真があらわれた背景には、商人や農場主として成功し地位を築いた日本人が増えてきたことがある(清水・平川一九九八:七八—八一)。また、文字の読み書きができない「からゆきさん」たちは、手紙の代わりに自らの肖像写真を故郷の親族に送ったという(山崎一九七二:七二)。そうした写真においては彼女たちも、規範的なキモノ姿を整えて写真に写っている。このような日本本国とのつながりを希求する中での、本国の規範に忠実なキモノ姿を、遠隔地ナショナリズムと呼ぶこともできるだろう(Mori 2018：394)。つまり、二〇世紀初めの東南アジアには、ハイブリッドで文化混淆的なキモノ・ファッションと、ナショナリスティックなキモノ・ファッションとが共存していたのである。

三　植民地文学における「キモノ」表象

呉濁流「ポツダム科長」と植民地台湾のキモノ

彼女は今まで學校で「立派な日本人になれ」と教はられてきたが、幾ら努力してみてもなれなかつた。學校では顔の洗ひ方から着物の着方まで習つてきたが、いざ和服を着けてみると自分でもヘンな氣持がするのであつた。しかも女學生仲間から「あれごらん、あの人改姓名よ。あんな着方、可笑しいわね」と陰口を叩かれることもあつた。(呉二〇〇七：四二四、強調筆者)

停仔脚をはじめ空地といふ空地は殆ど日本人の投げ賣りの店で埋められてゐた。古いものばかりで新しいものは殆ど見當らない。中には綺麗な和服もあるにはあるが、彼女は今更それを見ようとしなかつた。田舎から出てきた百姓達は安い〳〵と云つて屑物まで買つて行つた。(同：四二五―四二六、強調筆者)

呉濁流(一九〇〇―七六)の日本語中編小説「ポツダム科長」の一節である。呉は日本統治期から光復後の台湾で活躍した台湾の代表的な作家である。「ポツダム科長」は一九四七年一〇月八日に脱稿し、翌年五月に台北市の学友書局から出版された(豊田二〇一三:二)。台湾の光復前後を描き出し、二二八事件の同時代証言も含まれる貴重な作品である。このなかでキモノは、外省人と結婚することになる台湾人中流女性、玉蘭の植民地時代の回想として登場する。

植民地台湾におけるキモノについてはいくつかの研究がある。洪郁如は「台湾人女性のキモノ受容は、日常着としてではなく式服の選択肢の一つとしてのそれにすぎなかった」と述べる(洪二〇一〇:二七三)。また、ファッションとしてのキモノを楽しんだ女性もいた一方で、高等教育を受けた女性の多くは「和服を着ることに消極的」だったという。その理由として挙げられているのは、キモノの着こなしに関する「日本人の友人たちの容赦ない視線」である。日本人という他者による審美的尺度にあてはめられてしまうことを拒否したのである(同:二七六)。呉濁流はそのような感情をうまく作品化したのだと言えよう。植民者側は、キモノを着ることを強制しておきながら、「あんな着方、おかしいわね」と貶す。被植民者は日本人になることを要請されながら、日本人として認められることはない。レオ・T・S・チンの指摘する、被植民者が「日本人になれる」とした(これは日本の植民者たちがヨーロッパの植民地主義とは異なると考えた点なのだが)、日本の同化政策の矛盾(Ching 2001: 104-106)を見事に衝いた描写である。そして光復後に投げ売りされ、買い漁られるキモノは、権威を失墜させた日本の姿を象徴するものとして描かれている。キモノが日本の植民地支配の象徴として効果的に用いられているのである。

一方、アレンは、一九一〇年代の台湾上流層の肖像写真のなかに、近代国家の表象に挿入された「日本性」としてのキモノの採用があったことを論じている(Allen 2014：1030)。ブリンクは、台湾日日新報の記事分析をもとに、一九二〇年代から三〇年代前半に見られた、洋服を着る「近代的」な台湾女性を称揚する論調が、日中戦争期にはキモノ着用の奨励に変化し、儀式などではフォーマルな「五ツ紋」のキモノまでが台湾女性に半強制されたことを述べている(Brink 2012)。また、張小虹は、日本統治時代末期(一九三七—四五)の日本政府による、中国式伝統服を放棄させようとする(和服か、せめて洋服にという)服装改良運動が、戦後の「圧倒的な西洋化(近代化)現象」につながったことを指摘する(張二〇一七：一八四—一八五)。植民地台湾における台湾人の「キモノ」表象とその着用は多岐にわたり、一言で断じることはできない。

崔曙海「二重」、金聖珉「半島の藝術家たち」と植民地朝鮮のキモノ

ふと向から浴衣掛けで風呂歸りの友人に出逢つた。／おい君は何處へ行くかと言はれて、風呂へ行くのだ、今し方こんな目(入浴拒否—筆者註)に逢はされて妻が泣いて歸つて居るから、俺が仇討をする意味で入浴して見せる、もし、二の句の三の句のと文句を言つたら承知しない考なのだ。／あゝ君、駄目だ〳〵ヨボは風呂へ入れないよ、日本羽織に下駄を穿いて行けば入れるが、白衣の人は入れないよ。(崔二〇〇四：二〇一—二〇二、強調筆者)

崔曙海（一九〇一―三二）の「二重」は一九二七年五月韓語誌『現代評論』第四号に発表されるが検閲で削除処分となり、原文は現存しない。朝鮮総督府の『調査資料』第二一集（同年一〇月）に日本語訳が収録されたため、内容を知ることができる作品である（布袋二〇〇四：三四二）。主人公一家は家がなく、日本人町に引っ越してくる。周囲が「大廈高楼」のため気をよくし、隣の日本人老婆とも当初は仲良くしていたが銭湯で入浴拒否にあい、結局は家も明け渡しを迫られてしまう。激しい怒りとともに、日本人の所為で住むところがなくなった上に差別を受けるという「二重の悲哀」を綴った短編である。原文での用語は不明であるが、右のとおり、入浴拒否の場面で和服の描写がある。ここでは浴衣、羽織、下駄が日本人を象徴し、韓服をあらわす「白衣」が朝鮮人の象徴となっている。「友人」が朝鮮人か日本人かは書かれていないが、「日本羽織に下駄を穿いて行けば入れる」という表現には、衣服によって被植民者が植民者に成りすますことが可能（Lee 2012）という、日本による朝鮮植民地支配の危うさが表わされてもいる。

暎姫はこゝへ來て、名前も日本風にツバキと改め、一躍クヰンになつてしまつた。（中略）「素晴しい恰好ぢやないか、新鮮な魅力が、湧いて來たね、浮氣者はまたついうか〱と岡惚れでもしやうと云ふもんさ、はゝゝ」／場所柄、洋秀は齒切れのいゝ日本語をしやべり乍ら、斷髪に和服姿の暎姫を珍しさうに見上げ見下げした。（金二〇〇四：二八五―二八六、強調筆者）

一方、金聖珉（一九一五？―？）の「半島の藝術家たち」には、また別種のキモノ表象がみられる。

ダンサー出身の女優、暎姫が「酒場マロニエ」の女給に転身して登場するシーンである。この作品は一九三六年、『サンデー毎日』の「千葉賞」第一回「長篇大衆文藝」現代物一等入選作である（布袋二〇〇四：三二〇）。同年、同誌八月二日号から九月二〇日号まで八回にわたり、当時の人気挿絵画家、岩田専太郎の挿絵つきで連載された（同）。この日本語小説は、スリリングな恋愛の駆け引きのストーリーに乗せながら、朝鮮のエンターテイメント産業の内幕と都会の青年男女の風俗を巧みに描き、その大衆性が菊池寛をはじめとする審査員に評価された（Yi 2018: 10-11）。ここでの「和服」は酒場の女給の仕事着としてのキモノである。日本支配の象徴や抵抗の足掛かりではないし、かといって、オーセンティックな日本精神や日本文化への希求も見られない。「歯切れのいい日本語」とともに、当時の京城の軽佻浮薄な都会性をあらわす記号なのである。

植民地においてキモノは、第一に植民する側の衣服としてあり、そのようなものとして表象されている。しかし、さまざまな関係性のなかで、被植民者側が着用する事例も見られる。キモノは、日本文化の象徴であると同時に、近代都市文化の象徴でもあった。日本・近代・都市文化の浸食・浸潤の一例としてのキモノは、植民地下の文学において、抵抗への足掛かりとなると同時に、近代性批評の文脈で用いられることもあり得たのである。

四　太平洋戦争時におけるプロパガンダのなかのキモノ

台湾先住民族とキモノ表象

朝日新聞社が一九四四年に発行した写真集『大東亜戦争と臺灣青年』に「お山の勤労譜」(目次では「お山の敢闘譜」)というページがある(図1-6、朝日新聞社編一九四四：五三)。四枚の写真とその簡単な説明だけのページだが、キモノ着用率の高さが目につく。大阪で発行されたこの本は、おそらく日本在住者の戦意高揚を目的に、軍事教練や工場労働に動員された台湾の青少年の姿を報じたものである。その本の中でどういうわけか、山岳地帯にすむ先住民族の村に取材したと思われるこのページだけにキモノ姿が見られる。

中国服、洋服、国民服、現在我々が台湾先住民族の民族衣装と見なすような衣服に混じって、洗濯をする女性、機織りをする女性、レコードを聴く女性・男性らがキモノを着ている。中西美貴は、台湾先住民族社会におけるキモノ着用について、必ずしも同化政策により強制された場合だけでなく、女性が地域社会からの解放の象徴として、意識的に着用する場合があったことを論じている(中西二〇〇八)。こうした事例におけるキモノは、日本の象徴ではなく、近代の象徴である。大日本帝国内で近代服として普及したキモノの姿の一端を見ることができるのではないだろうか。

『ジャワ・バル』のキモノ表象

一方、日本軍政下のジャワで朝日新聞社が設立したジャワ新聞社が一九四三年一月から四五年八月に出版した月二回発行のグラフ誌『ジャワ・バル』(倉沢一九九二：二)には、同化政策の道具としての「キモノ」表象が見られる。ここでのキモノ表象は次の三つに分類することができる。①ジャワに住む日本女性がキモノを着てジャワの人と交流している写真、②ジャワの女性が日本のキモノを着ている写真、③日本に住む日本女性がキモノを着ている写真、である。なお、キモノを着た男性の写真はほとんど見られない。

①の例としては、一九四三年一月一日創刊号の表紙「ナカ　ヨク　アソブ　ニッポン　ト　インドネシア　ノ　コドモ」(図1-7)や、「ジャワで働いている日本の娘さんたち」がキモノを着てジャワの人々と交流している写真(同年一月一五日号)などが挙げられる(倉沢編一九九二a)。これらの写真では、日本の女の子や女性たちの日本内地式のキモノ姿と、ジャワの様式の衣服とが、ことさらに対照的に表現されている。キモノとそれを着た女性が日本を表象・象徴し、ジャワスタイルの衣服とそれを着た女性がジャワを表象・象徴するのである。②の例としては、一九四三年一月一五日号の表紙「ニッポ

図1-6　「お山の勤労譜」(『大東亞戰爭と臺灣青年』朝日新聞社)

図**1**-**7**　『ジャワ・バル』1943年1月1日号表紙　(『復刻版ジャワ・バル』龍渓書舎)

図**1**-**8**　『ジャワ・バル』1943年1月15日号表紙　(『復刻版ジャワ・バル』龍渓書舎)

ンノ　キモノ　オ　キタ　プルボチョロコ　ハカセ　ノ　レイジョー　ラットナ　サン」(図1-8)(同)や一九四四年一月一日号の表紙「キモノヲ　キテ、ヨロコブ　スカルノフジン」(倉沢編一九九二b)がある。後者のキモノは、独立運動の指導者スカルノが来日した折に、東條英機首相夫人が贈ったものであるという。この二例は、着物も帯もたいへんに華やかな高級キモノである。また、演劇、舞踊、合唱でジャワの人が衣装としてキモノを着る例も散見される。これらの例においては、キモノを着ている人物はジャワの人々であるが、彼らが着ているキモノは純粋な日本式である。

③の例は、日本の映画女優やひな人形の紹介、「日本の生活」として日本庭園の見える広い座敷に座ったキモノ女性の写真などがある。キモノを着た日本女性たちの、礼儀正しい様子が強調される。

①—③に共通しているのは、高級感があること、規範的であること、純日本的であることである。第二節で「からゆきさん」の写真に見たような、ハイブリッドなキモノはどこにもなく、セックスワーカーを想像させるような、エロティックなイメージもどこにもない。あくまでも日本の支配者層にとっての、「理想的な日本」の創られた規範に則り混淆を拒否する、ナショナルでオーセンティックなキモノなのである。このようなキモノの写真を通じて『ジャワ・バル』、および日本軍政府は、日本に対する美しく優しく女性的なイメージを作り出し、日本に対する融和的な雰囲気を作り出そうと試みたのであろう。

ところが、作家の小山いと子が占領下のシンガポールを訪れて書いた「南方通信（昭南にて）」には、次のようなくだりがある。

着物を着て街を歩いてゐたら、「白晝日本の着物を着て歩いてはいけない。特殊の女とまちがへられるから、國辱である。」といふ意味の忠告を受けた。（小山一九四三：三四）

『ジャワ・バル』のオーセンティックなキモノ表象とは裏腹に、実際には、東南アジアの津々浦々には、おもに性産業のなかで培われてきたキモノ文化、一九世紀後半以来受け継がれてきた「からゆきさん」たちのキモノ文化があった。プロパガンダ写真のなかの想像のキモノと、街のなかの現実のキモノの間には大きな隔たりがあったのである。

おわりに

以上、一九世紀後半から二〇世紀前半のアジアにおける、様々なキモノ表象を見てきた。帝国主義と民族主義の展開のなかで、エキゾチックなキモノ、ハイブリッドなキモノ、ナショナルなキモノ、抑圧者の象徴としてのキモノ、退廃的な都市文化の象徴としてのキモノ、近代化の象徴としてのキモノ、オーセンティックなキモノ等々、キモノは様々に意味を変えながら表象として、そして現実の衣服としてアジアのなかを、移動、流通、定着、変容していた。言うまでもなくその背後には、労働者の、民族の、植民者の、被植民者の、その他いろいろな人々の複雑な関係性が存在する。現代日本における日本の象徴としてのナショナルなキモノの姿は、アジアに対する日本支配のなかにこそ、その源流がありそうである。しかしキモノ・ファッションに関しては現在も、世界各地のコスプレなどで意味のずらしが発生している。キモノはこれからもグローバルに変転を遂げていくに違いない。

＊執筆にあたり、図1-1〜1-5の写真を快くご提供くださったピーター・リー氏に謝意を表したい。

参考文献

朝日新聞社編（一九四四）『大東亞戰爭と臺灣青年』朝日新聞社
金聖珉（二〇〇四）「半島の藝術家たち」大村益夫・布袋敏博編『近代朝鮮文学日本語作品集一九〇一―一九三八 創作篇四』緑蔭書房

倉沢愛子（一九九二）「解題」倉沢愛子編『復刻版ジャワ・バル』第一巻、龍溪書舎
倉沢愛子編（一九九二a）『復刻版ジャワ・バル』第一巻、龍溪書舎
倉沢愛子編（一九九二b）『復刻版ジャワ・バル』第三巻、龍溪書舎
呉濁流（二〇〇七）「ポツダム科長」河原功編『呉濁流作品集』緑蔭書房
洪郁如（二〇一〇）「植民地台湾の「モダンガール」現象とファッションの政治化」伊藤るり、坂元ひろ子、タニ・E・バーロウ編『モダンガールと植民地的近代』岩波書店
小山いと子（一九四三）「南方通信（昭南にて）」『日本婦人』一巻五号
崔曙海（二〇〇四）「二重」大村益夫・布袋敏博編『近代朝鮮文学日本語作品集一九〇一―一九三八 創作篇一』緑蔭書房
清水洋・平川均（一九九八）『からゆきさんと経済進出――世界経済のなかのシンガポール―日本関係史』コモンズ
張小虹（二〇一七）『フェイクタイワン 偽りの台湾から偽りのグローバリゼーションへ』橋本恭子訳、東方書店
豊田周子（二〇一三）「光復後初期台湾文学と創られた台湾人「新女性」――呉濁流「ポツダム科長」における玉蘭の位置」『中国学志』第二八号
中西美貴（二〇〇八）「日本統治下の北部台湾における先住民女性と和服――タイヤル族を中心に」『女性学年報』二九号
布袋敏博（二〇〇四）「『近代朝鮮文学日本語作品集一九〇一―一九三八 創作篇』解説」大村益夫・布袋敏博編『近代朝鮮文学日本語作品集一九〇一―一九三八 創作篇五』緑蔭書房
森理恵（二〇一五）「近現代における「着物」の表記法とその意味の変遷――一八七四年―一九八〇年の新聞記事を中心に」『日本家政学会誌』六六巻五号
山崎朋子（一九七二）『サンダカン八番娼館――底辺女性史序章』筑摩書房
Allen, Joseph R.（2014）“Picturing Gentlemen: Japanese Portrait Photography in Colonial Taiwan,” *The Journal of Asian Studies*, 73(4).

Brink, Dean (2012) "Pygmalion Colonialism: How to Become a Japanese Woman in Late Occupied Taiwan," *Sungkyun Journal of East Asian Studies*, 12(1).

Ching, Leo T. S. (2001) *Becoming "Japanese": Colonial Taiwan and the Politics of Identity Formation*, University of California Press.（菅野敦志訳『ビカミング〈ジャパニーズ〉——植民地台湾におけるアイデンティティ形成のポリティクス』勁草書房、二〇一七年）

Corwin, Nancy A. (1996) "The Kimono Mind: Japonisme in American Culture," in Rebecca A. T. Stevens and Yoshiko Iwamoto Wada eds., *The Kimono Inspiration: Art and Art-to-wear in America*, Pomegranate Artbooks.

Lee, Hwa-Jin (2012) "A Woman in Kimono: Cultural Cross-dressing in the Late Colonial Korea," *Journal of Popular Narrative*, 27. 이화진. "'기모노'를 입은 여인——식민지 말기 문화적크로스드레싱 (cultural cross-dressing) 의 문제," 대중서사연구.

Lee, Peter (2016) "Dressing Badly in the Ports: Experimental Hybrid Fashion," in Peter Lee, Leonard Y. Andaya, Barbara Watson Andaya, Gael Newton, and Alan Chong, *Port Cities: Multicultural Emporiums of Asia, 1500–1900*, Asian Civilisations Museum.

Mori, Rie (2018) "Transformation in Kimono Design in Southeast Asia from the Late 19th to the Mid-20th Century," *ICDHS* 10th *+1 Barcelona 2018 Conference Proceedings Book*.

Warren, James Francis (1993) *Ah Ku and Karayuki-san: Prostitution in Singapore, 1870–1940*, Oxford University Press.（蔡史君・早瀬晋三監訳、藤沢邦子訳『阿姑とからゆきさん——シンガポールの買売春社会 一八七〇—一九四〇年』法政大学出版局、二〇一五年）

Yi, Christina (2018) *Colonizing Language: Cultural Production and Language Politics in Modern Japan and Korea*, Columbia University Press.

第2章 ウズベク人はいかに装うべきか
――ポストソ連時代のナショナルなドレス・コード――

帯谷知可

はじめに

ウズベキスタンは一九九一年にソ連から独立した中央アジアの一国であり、国民の九割以上はムスリムである。「ウズベク人はいかに装うべきか」という問いをめぐって、ウズベク・ソヴィエト社会主義共和国としての二〇世紀の歴史を振り返るなら、共産党主導の社会主義的近代化にあたって、社会をイスラーム・ヴェールを着けた女性のいない状態へ改造することが、男性を含め民族としてのウズベク人全体を近代と進歩に向かわせるための第一歩だった(Northlop 2004: 12-13)。その結果、ウズベク人女性はパランジ paranji(後述)と呼ばれた分厚いヴェールを棄て、顔を露わにするようになった。

多民族国家ソ連において、ウズベク人を弁別する要素を備えた装いの表象とは、民族帽ドッピ do'ppi と、特徴的な柄の伝統織物でできた上衣などを特徴とするものだった。こうした装いをウズベク人の伝統的な日常着あるいは民族衣装とするなら、やがていわゆる洋装も仕事着や礼装として広まり、徐々に日常着としても定着した。

一九九一年のソ連解体によって、他の旧ソ連諸国同様、ウズベキスタンもグローバリゼーションの波にさらされることとなった。市場経済化の導入に伴う大きな混乱を経験しながらも、ソ連時代には手に取ることができなかったモノがあふれることになった。ウズベキスタンの人々の前には多様な選択肢が出現し、そこで人々は新たなイスラーム的な装いにも向き合うこととなった。

現代ウズベキスタンは、国是としての世俗主義、二〇世紀中に骨肉化された宗教とりわけイスラームに対して潜在的に警戒を示す為政者のメンタリティとイスラーム主義に対する強い懸念、そして風紀を上からの指令によって制度化しようとする権威主義体制、これらのベクトルが交錯する磁場である。本章では、このような磁場における二一世紀的な装いのモダニティの構築をめぐる国家と社会の交渉を描く。議論の中心となるのは、近年さまざまな局面で浮上している、「イスラーム的」でもなく、「西洋的」でもない、ナショナルなドレス・コードである。

一　ポストソ連時代の文化イデオロギー――「高邁な精神」と「啓蒙」

独立以降二〇一六年まで続いたカリモフ Islom Karimov（一九三八―二〇一六）大統領時代の「民族独立理念 milliy istiqlol g'oyasi」は、ソ連解体後の新たな国家イデオロギーと位置づけられていた。サッタロフ（Sattarov 2017）によれば、それを具現化するため、文化や教育の分野では「高邁な精神（マナヴィヤト ma'naviyat）」と「啓蒙（マリファト ma'rifat）」をキーワードとして、特に国を担う次世代の育成を視野に入れた文化イデオロギーが形成された。それは世俗主義の徹底に主眼を置き、とりわけ国内にイスラーム主義を根付かせないことを重要な目的とした。将来を担う青年の団結と精神的な成熟を促すために一九九六年に設置された青年組織カモロト Kamolot（成熟）や、二〇〇四年設立のマナヴィヤト・プロパガンダ・センターは、その全国ネットワークにより「高邁な精神と啓蒙」の指針にのっとって、文化生活をコントロールした。また、「高邁な精神と啓蒙」は学校での学習科目ともなった。

この指針が示すのは、権威主義体制のもとで伝統的価値（民族の伝統、愛国主義、年長者への敬意、労働賛美、市民社会としてのマハッラ mahalla〔伝統的地域共同体〕など）に基づいて「ウズベク性 o'zbekchilik」を強調するモラル原則のあり方である。それは、ウズベキスタン独自の道を強調し、現体制への忠誠を要請し、ウズベク社会を西洋的価値観から守り、若者を大衆文化から遮断すべきことを主張した。そこには、男性は糧を稼ぎ、女性は家庭を守るものという固定的なジェンダー役割や、保守的なドレス・コードも埋め込まれており、女性には中庸を、男性には品格を求めているという。公認のイスラーム（すなわちナショナルなイスラーム）の体系を担うムスリム宗務局もこれを支持してきた。

この指針のもとで育ったカモロトのある男性リーダーいわく、「青年は危険なイデオロギーの影響を受けやすく、「高邁な精神」はウズベク人を大衆文化と同性婚から守る唯一の道だ」「我々の「高邁な精神」は時に経済成長や西洋的近代化よりも重要だ」（Sattarov 2017: 5）。

二〇一六年九月のカリモフの逝去により、ミルズィヨエフ Shavkat Mirziyoyev（一九五七―）新大統領のもとで諸改革が始まり、強力な指針としての「高邁な精神と啓蒙」そのものは後退したとされるが、その方向性は温存されていると見るべきであり、さらにそのもとで育った青年たちが今や社会の担い手となりつつあることも念頭に置くべきだろう。上述のカモロトのリーダーの発言はそれをよく裏付けている。「高邁な精神と啓蒙」のイデオロギーがそもそもイスラーム主義を仮想敵としていることに加えて、後の議論のために、西洋的近代化がもたらしうる「悪しきもの」として、大衆文化と同性愛に特に言及していることにも着目しておきたい。

二 「イスラーム的」でもなく、「西洋的」でもなく

ナショナルなドレス・コードが目指すのはどのような装いだろうか。以下ではまず、そこから排除される「悪しき装い」としての「イスラーム的」装いと「西洋的」装いについて考察することから始めよう。

悪しき装いとしてのヴェールとあご髭

イスラーム的な外見としてのヴェールとあご髭について、衣服は着用者の社会的地位や宗教的信条などを表す記号であるとする「衣裳の記号学」の視点から分析した大塚(一九八五)は、一九七〇年代エジプトのイスラーム急進主義者の間で、男性がくち髭を剃りあご髭をのばすことや、女性がヴェールを着用することはイスラームへの信仰心を表現する主観的な記号であり、エジプト的慣習的伝統と決別し、「「創出された」イスラーム的伝統」(大塚一九八五：二五九)を志向する、「すぐれて「現代的なファッション」」(大塚一九八五：二六二)だったことを示した。

裏を返せば、そのような外見を志向しない、あるいは否定する者たちにとって、それは「他者」を象徴する記号にもなりうる。それが近年、「問題」として尖鋭化した顕著な例のひとつは、フランスにおける公立学校でのヒジャーブ着用禁止の法制化（二〇〇四年）から起こった「スカーフ論争」「ヴェール論争」と呼ばれる現象だろう。現象としては世界各地で生じているが、ムスリム女性が着用するイスラーム的装いとしてのヴェールやスカーフがそれぞれ固有の文脈において社会的・政治的に問題化しており（内藤・阪口二〇〇七）、世俗主義の名のもとでムスリム市民が他者として排除されている（スコット二〇一二）、あるいはヴェール着用問題の行き着くところは自由主義との矛盾である（ヨプケ二〇一五）、など多様な議論が展開されてきた。

図 2-1　「タシュケント旧市街にて」(M. Penson) 1920 年代の様子．分厚いコート様の長衣パランジを頭からすっぽりかぶり，馬毛を編んだ顔覆いチャチヴォン（またはチムマト）を着けた女性たち．この 2 つを着けた状態をしばしば「パランジを着けている」と表現した．maxpenson. com

　ウズベキスタンでは、全身を覆うパランジ（図2-1）が二〇世紀中の数十年をかけてほぼ日常生活からは姿を消し、世俗主義の立場に立つ人々の間で、女性が顔を露わにすることはモダニティと進歩の象徴だとの認識はかなり広く深く浸透した（帯谷二〇一六）。独立以降、そしてとりわけ一九九九年二月に国内で初めて爆弾テロ事件が起きたのち、イスラー

図2-2　ヒジョブ・スタイル（2019年12月タシュケント）　スカーフを目深に着け，顔の周囲をぴっちりと包み，首も覆う．長袖のチュニックまたはワンピースなどとズボンを合わせて着用し，顔と手先以外は露出しない．筆者撮影

ム過激主義組織に対する極度の警戒を背景に、ヴェールとあご髭の問題はウズベキスタンでは内務省（特に対テロ部門）あるいは国家保安庁マターとなってきた。二〇一四年のイスラーム国（ＩＳＩＳ）の台頭はまた新たな潜在的脅威となった。とりわけカリモフ体制下では、国家の強い意向により、広く市民を巻き込むような議論を経ることもなく、ヴェールとあご髭は取り締まられてきた。統制の根拠は、「信教の自由と宗教組織に関するウズベキスタン共和国法」（以下、「一九九八年宗教法」）第一四条の「ウズベキスタン共和国国民は、（宗教組織に勤務する者を除き）礼拝用の衣服を着用して ibodat liboslarida yurish 公の場に姿を現してはならない」（ＵＲＬ①）という文言が、公共空間で特定の宗教への帰依を表現する装いを禁じていると解釈可能だからとされてきた。

しかし、「悪しきもの」としてそれらに境界を設定し、厳格に禁止しようとすれば、以下に見るように、「よきもの」であるはずの、伝統的で民族的な装いとの衝突が起こってしまうのである。

イスラーム・ヴェール問題——よいスカーフ／悪いスカーフ

ウズベキスタンにおけるいわゆる「ヴェール論争」は、二〇〇〇年代に入った頃からの、同国にとっては新しいスタイルのイスラーム的装い「ヒジョブ hijob」の登場と拡散に端を発している(図2-2)。特に、ウズベキスタンで初めて女性による自爆テロが起きた二〇〇四年以降、ヒジョブに対する統制はイスラーム過激主義組織の活動を予防する観点から強化され、時にヒジョブ・スタイルではないスカーフにまで統制が及んだ。

ヒジョブ・スタイルではないスカーフとは「ルモル roʻmol」(図2-3)と総称され、ソヴィエト政権が推進したヴェール根絶運動もこれには手を触れず、現代に至るまで一部の女性たちによって日常着の一部として着用され続けてきた。この「伝統」までもが禁止の対象になるのか否かという議論を経て、やがてヒジョブは過激主義に結びつきかねない外来の「悪いスカーフ」、ルモルは民族の伝統にそった「よいスカーフ」と明確に位置づけられるに至った。さらには、ルモルには歴史的にみても現在もいかなる宗教性もなく、いつ、いかなる場合に着用しても問題ない、といった言説をムスリム宗務局や大臣会議附属宗教問題委員会も熱心に広めるようになっている。

図2-3　ルモル・スタイル(2018年8月サマルカンド)　大判のスカーフをうなじのところで結ぶ，結ばずにふわりと頭にのせる，いずれのスタイルもルモルと呼ばれる．筆者撮影

近年注目されたのは、国際イスラー

ム・アカデミー附属アカデミー・リセに通う女子生徒がヒジョブ着用のゆえに、教室に入れず授業が受けられない、もしくは退学を余儀なくされる事例が複数あったという事実が明らかになり、ある女子学生の父親が娘の退学処分に対して人権侵害を訴えて起こした裁判である。原告側は、宗教問題委員会、中等高等特別教育省、ムスリム宗務局、国際イスラーム・アカデミー、同附属アカデミー・リセを相手取り、ヒジョブ着用を禁止する同アカデミーの内規の撤廃を求めた。二〇一九年二月タシュケント市内の地区裁判所は、同アカデミーの校則に照らして退学処分は妥当との見解を示し訴えを退けたが、原告側はこれを不服としてタシュケント市裁判所に控訴した。同種の裁判がこれからもいくつか起こる可能性が指摘されている(URL②)。

あご髭問題——よいあご髭/悪いあご髭

ウズベク人男性がくち髭、あるいはくち髭とあご髭の双方をたくわえている様子は、ソ連時代に制作されたプロパガンダ・ポスターやドキュメンタリー写真において、かなりの頻度で確認することができる。それが「問題化」してくるのは独立の前後からであり、ヴェール問題と並行して、男性が長く濃いあご髭を生やす現象の広がりとそれに対する規制が見られるようになる。

カンプ(Kamp 2006：234-235)によれば、一九九〇年代初頭、新スタイルのスカーフを着けるウズベク人女性の出現と並んで、青年・壮年層のウズベク人男性にとっては、あご髭をたくわえることと、ドッピとは異なる白色無地のスカルキャップをかぶることがイスラームへの深い帰依を示す外見となり、やがてこれに当局も敏感になった。筆者自身も、一九九五年にウズベキスタン東部で、「あご髭たち」と揶揄されるグループが特定のモスクに集まっていたこと、彼らが周囲からは旧ソ連圏でイスラーム過激主義者を意味する「ワッハービー」とも呼ばれていたことを観察した。

一連の爆弾テロ事件の発生などを経て、二〇〇五年には、あご髭を生やした男性がたびたび警官に職務質問を受ける、パスポート申請を断られるなどさまざまなハラスメントに遭遇するようになった。当時のウズベキスタンの内務省基準では、あご髭、モスクへの頻繁な訪問、祈禱の申し出がイスラーム過激主義組織への関与を疑う三要素になっていたという（URL③）。

二〇一四年のイスラーム国の台頭、そして翌年の同勢力の支配地域における髭剃り禁止令の発布は、このような傾向に拍車をかけた。たとえば、二〇一五年八月には警察により一連の「あご髭狩り」が組織され（URL④）、あるいは二〇一六年六月には、スタジアムにサッカー観戦に訪れた人々のうちあご髭を生やした青年たちが私服警官に入口で止められ、髭を剃らなければ入場を許可されない（URL⑤）というような事例が生じている。

このような取締り対象のあご髭を「悪いあご髭」とするなら、ウズベキスタンには民族の伝統的な「徳」の象徴ともいうべき「よいあご髭」が存在することも想起しなければならない。中央アジア定住民の地域社会で深い尊敬の対象ともなる長老アクサカル（白髭の意。現代ウズベク語ではオクソコル oqsoqol）がそれである。現在、最末端の行政単位であるマハッラの長もそう呼ばれるが、このマハッラこそ、ウズベク的伝統の源泉とされてきた地域共同体である。賢明な地域社会の指導者としてのオクソコルの表象とは多くの場合、文字通り白いあご髭をたくわえた老人である。

「一九九八年宗教法」第一四条の規定はあくまで「衣服」を対象としており、これによってあご髭を合理的に取り締まることはかなり無理がある。そのためであろうか、あご髭取締りの指令は常に口頭で伝えられるという。興味深いのは、取締りの対象に「四〇歳以下」という目安が示されていることである(URL⑤)。よき伝統の象徴であるオクソコルのイメージや、あるいは統制開始以前からムスリム宗務局上層部の指導者たちにはあご髭をたくわえている者が多いという既成事実への留保として、いわば聖域に踏み込まないための工夫として、この「四〇歳以下」という留保は設定されているのではないだろうか。

新体制下での改革のなかで

ミルズィヨエフは、基本的には権威主義体制を維持しながらも国民の声を聞く政治、法に基づいたクリーンな政治をアピールし、一定の自由化を進めてきた。ヒジョブやあご髭についても以前のようなあからさまな取締りは影を潜めた感があり、それらについて市民がSNSなどで声をあげられる状況が出現したことは大きな変化である。政権側もヒジョブとあご髭に対する規制が明白な信教の自由や服装の自由の侵害と映らないよう配慮するようになっており、ヴェールやあご髭は「法律では禁止されていない」ことを公の場で認める発言が当局者にも散見される(URL⑥、⑦)。

一方で、旧態依然を思わせる事態も生じてはいる。後述するように、統一制服の導入に合わせて学校向けドレス・コードが定められ、学校ではヒジョブと髭は禁止されることになる。これを受け、タシュケントのある若手イマーム(モスクの指導者)が、ヒジョブとあご髭の禁止はいまだ国内のムスリムを抑圧しているとフェイスブックのビデオ・メッセージで訴え、信教の自由の遵守を大統領に呼びかけた。しかし、数日後にはムスリム宗務局によりその職を解かれてしまったのである(URL⑧)。

悪しき装いとしての西洋的装い

二〇世紀中に洋装化が進み、さらに独立後にさまざまなファッションが流入しても、特に女性の装いについて、肌の露出やボディラインの強調を避けるべきだという規範はウズベク人の間に存在し続けたし、現在も保守的な立場の人々の間でそれは根強い(菊田二〇一五：六〇―六八)。ヴェールやあご髭を規制しようとする傾向が強まると、イスラーム的装いはよくないが、西洋的装いもよくない、という声がきかれるようになった。次に紹介する出来事は、そのような文脈で、悪しき装いとしての西洋的装いとは具体的に何を意味するのかがよく理解できる事例である。

歌手ローラ・ヨルドシェヴァの「半裸」ドレス

ウズベキスタンでは、エストラーダestradaと呼ばれるポップ・ミュージックの世界もまた独立後のナショナリズムに資するべく、「祖国の歌」を歌い、独立記念日等の祭典を彩る役割を期待されて国家の統括下に置かれてきた(帯谷二〇〇三：Klenke 2019)。歌手らにライセンスを付与するウズベクナヴォO'zbeknavoという組織の統括のもと、個々のアーティストの音楽性だけでなく、衣装や立ち居振る舞いにまで国家的管理が及んだ。

このエストラーダ界で近年注目を集めたのが、ローラの愛称で知られるヨルドシェヴァLola Yo'ldosheva/Lola Iuldasheva(一九八五―)をめぐる出来事である(Klenke 2019：183)。

二〇一五年のあるコンサートでローラは、背中が大きく開き、片側から見ればロングドレスだが逆側から見れば脚が大腿部まで露わになるという、極端にアシメトリーなデザインのドレスを着用した。ウズベクナヴォはこれに嫌悪感を表明し、そのような「淫らな」衣装は「民族的メンタリティに反する」ので、今後は着用しないよう警告した。翌月ウズベクナヴォは、すべての女性歌手に対し、肩や足を露出しないこと、公的イベントに「半裸」で出演しないこと、セクシーな動作をしないこと、ステージ衣装と自らの身振りについて今後真剣に考えること、と通達した。問題のドレスを製作した、国際的に活躍するオートクチュール・デザイナー、ズルフィヤ・スルトン Zulfiya Sulton は、ドレスは歌からインスピレーションを得てデザインしたもので何の行き過ぎもない、ステージ衣装が図書館員やイスラーム大学の学生と同じでいいはずはない、とコメントしたという（URL⑨）。

やがて、ナショナルなドレス・コード推進に熱心な副首相兼女性委員会委員長ボシトホノヴァ E. Bositxonova が、ローラの衣装と、コンサートの際の別の女性歌手とのデュエットがレズビアンを想起させかねなかったことについて議会両院で厳しく非難し、注意を喚起するにいたった。結果として、ローラを含む三人の歌手がステージおよびテレビ出演禁止、一一人が警告処分となり（URL⑩）、ローラは歌手ライセンスを失った。

「西洋的」の意味するところ

エストラーダの世界では、ステージ衣装に、イブニングドレスやタキシードなどの洋装スタイルと、民族衣装や伝統織物などを取り入れた「民族 milliy」スタイル、二つの方向性がある（Klenke 2019:

183–187）。批判の対象になっているのは、西洋的な装いそのものではなく、含まれるとすれば西洋的な装いのほうに含まれることの多い、セクシュアリティを強調するデザインやディティールである。膝から上の露出、広い襟開き、紐状の肩ストラップ、深いスリット、背中の深い開き、肌がのぞくデザインなどの要素は「行き過ぎたセクシーさ」(Klenke 2019: 183)とみなされるのである。

「西洋的」とは、「大衆文化的」「サブカルチャー的」「ポップカルチャー的」などとも言い換え可能で、もっぱら、堕落、淫ら、華美、贅沢、大量消費といったイメージと強く結びつけられている。また、あえて触れておくと、先述のカモロトのリーダーやボシトホノヴァの発言に見られるように、LGBTを想起させるものに対しては公然と徹底的なまでの嫌悪感が表明されることがままあり、これも悪しき「西洋的」なものに含められてしまうことが多いのである。同性愛はウズベキスタンでは現在も違法であり、一般的に話題にするのも避けられる傾向が強い。

三 「高邁な精神と啓蒙」のドレス・コードの追求

それでは「高邁な精神と啓蒙」のイデオロギーにそくして、イスラーム的な装いや西洋的な装いを退けた、「よい装い」とは具体的にどのようなものなのだろうか。その提示や浸透のための努力は、「悪い装い」に対する一連のネガティヴ・キャンペーンとほぼ並行して展開されてきた経緯があり、やがて二〇一七年以降の全国統一制服の導入の議論へとつながっていくとみることができる。

視覚化されるドレス・コード

以下では、「よい装い」と「悪い装い」を具体的に可視化した例として、バザールおよび大学におけるドレス・コードの掲示を紹介しよう。

バザールにて

バザールはしばしばヒジョブ着用女性やその販売者取締りの舞台となり、二〇一五年の国内各地での一斉摘発はその頂点だった。その頃コーカンド市のバザールで入口付近に出現したという掲示(図2-4)には次のように書かれている。


「コーカンド農民バザール」商業コンプレクス注意事項
「信教の自由と宗教組織に関する法」第一四条「宗教的慣習・儀式」

ウズベキスタン共和国国民は、(宗教組織に勤務する者を除き)礼拝用の衣服を着用して公の場に姿を現してはならない。

親愛なる市民の皆さん! 当市へお越しの皆さん!

一. バザールの敷地内では各種宗教的衣服の着用は固く禁じられています。女性はスカーフやショールを一般的な文化的規範に反するスタイルで(トルコ風、アラブ風、イラン風、パキスタン風に)着用してはいけません。

二. 商業活動従事者はバザールで定められたユニフォームを着用せねばなりません。

三、上記に該当する者はウズベキスタン共和国行政法第一八四および第二四〇条、ウズベキスタン共和国刑法第一五六条に照らして責任を問われることを警告します。

バザール管理部（URL⑪）

図 **2-4**　コーカンドのバザールにおける掲示（URL⑪）

さらに掲示の下部分に着目すると、バツ印のついた写真が二点、一方（左）にはジーンズと膝上三〇センチほどの超ミニスカートの女性の後姿、もう一方（右）にはヒジョブ着用の女性が写っている。それらの写真から間の幼い少女に大きな矢印が向いているが、その矢印にはどちらもバツ印が付けられている。その上に「私たちは何を警戒すべきか！」という文言が見える。つまりは、ジーンズもミニスカートもヒジョブも子供に悪影響を与えるので警戒せよ、ということである。一方、右下の枠で囲まれた部分には女性の写真が五点あるのだが、こちらのほうが「一般的な文化的規範」にかなった推奨すべき女性の外見ということになるのだろう。

この例ではイスラーム的装いの禁止と同時に、一九九八年宗教法では規制のしようもないミニスカートやジーンズにまで警戒の矛先が及んでいるが、これがすなわちウズベク人が染まってはならない「西洋文化」であり「大衆文化」の一部だということである。また、バザールで働く人々にはユニフォームの導入という職場の規則によって装いを管理しようとする発想もここに読み取ることができる。

図 2-5　世界経済外交大学のドレス・コード掲示の一部分(Sattarov 2017: 5)

大学にて

多くの大学では、独自のドレス・コードを校則として設定し、キャンパスに巨大な看板や掲示を掲げてこれを視覚化している。国内一のエリート養成校、世界経済外交大学の例を見てみよう。

図2-5は「世界経済外交大学教授・教員・職員・学生の服装文化に対する要請について」と題した看板の一部である(Sattarov 2017: 5)。視覚的にまず、バツ印が付された、禁止の例に注意を引かれる。それらを列挙してみると、女性の場合はヒジョブ、腹部が露出するトップス、襟開きの大きなトップス、華美で大きなバッグ、サングラス、Tシャツ、太腿部が露出するミニスカート、タンクトップ、ネックレスやブレスレット、サンダル、ジーンズである。男性の場合はジーンズ、セーター、パーカー、そしてネクタイ着用でも第一ボタンを開けたりカーディガンをはおるのは不可、さらに髭、サングラス、革ジャンである。逆にバツ印のない、推奨される装いの例は、女性の場合は濃色無地の

スーツ、ジャケットにスカートまたはズボンの組み合わせ、夏はジャケットなしで白のブラウス、髪が長い場合にはアップにまとめねばならない。男性の場合は濃色のスーツにネクタイが基本である。看板上部にはカモロトのロゴも付され、下部には「大学では上記の規則に違反した者に対して管理部からしかるべき対処がなされる」と記載されている。

総じて言えば、イスラーム的な装いと西洋的な装いに加えて、特に大学では、必ずしも「いき過ぎたセクシーさ」には該当しないカジュアルな装いも排除されているのがわかる。こうして、バザールの事例では家庭生活や日常の外出の装いを想定して、大学の事例では国の将来を担う青年の教育・学習の場での装いと、おそらくは彼らが社会人になった時の装いにつながることをも想定して、ナショナルなドレス・コードの視覚化による拡散の努力が続けられてきた。

「現代的統一制服」の導入

二〇一七年にやや唐突な印象をもって始まった義務教育学校（現在は一一年制）への統一制服導入の試みは、本章で検討してきた一連の流れの中で見ると、より若いうちからナショナルなドレス・コードを浸透・定着させることと並んで、特に、法律では規制しきれないイスラーム的装いの排除を学校において制度化する狙いもその背後にあったと考えられる。

二〇一七年八月にミルズィヨエフは、教育に関する会議の席上、統一的な制服を導入すれば、社会には啓蒙的で公正や平等のための決まりがあるということを生徒たちがよりよく理解するだろうと発言し、次年度からの制服導入を提案した（URL⑫）。ただちにこれに反応した当時の国民教育大臣は、各学校の現行の制服は「しばしば子供の健康を害するような素材のものが外国から入ってきている」ので、「わが国の生地で、わが国のデザインで、自分たちで製造」(URL⑬)すべきだと述べ、各方面で統一制服導入が急速に進められることとなった。

同年一〇月の主要アパレル企業一二社による制服デザイン案二〇点のプレゼンテーション、それに対する国民教育大臣率いる審査委員会による評価と助言(URL⑭)、一二月のウズベキスタン青年同盟(カモロトから改組)の青年デザイナー評議会のイニシアティヴによる制服デザイン案についての住民投票の実施(URL⑮)に続き、翌二〇一八年三月—五月、今度はスクリーニングを経た数種の制服の試験着用が二つの学校で実施された。

同年五月の国際プレス・クラブ発信のプレス・リリース「学校制服——現代的かつ快適な型、革新的アプローチ、万人の選択」は、この間の経緯説明とともに、販売システムや制服購入用マイクロクレジットに言及し、教育機関とマスコミに制服に関する啓蒙活動の実施を促した(URL⑯)。

学びのドレス・コード

統一制服のデザイン(図2-6)が公にされたのは、新年度まであと半月と迫った二〇一八年八月半ばのことである。同月一五日付大臣会議決定第六六六号「国立一般教育機関生徒の現代的学校制服提供の諸方策について」(URL⑰)は、一一項から成る「諸方策」とともに、統一制服に関連するドレス・コードを詳細に定めたものだった。統一制服着用の義務化はあらためて二〇一九年度(二〇一九年九月開始)からとされたが、ドレス・コードはこの決定をもってただちに有効となった。これを「学びのドレス・コード」と呼ぶことにしよう。それは以下のようなものである。

- 制服はぴったりし過ぎてもいけないし、だぶだぶでもいけない。
- 女子のスカート丈は膝下五—一五センチとする。
- 男子のズボン丈はくるぶし下とする。
- 靴のかかとの高さは三センチ以内とする。
- シャツのボタンは第一ボタンを除きすべて留めること。
- 衣服は常に清潔でアイロンがかかっていなければならない。
- 宗教やサブカルチャーへの帰依を示す衣服（ヒジョブ、キッパー〔ユダヤ教徒のスカルキャップ〕、袈裟、十字架など）の要素を制服に含めることは認められない。
- 男子は、髭、ピアスおよびボディ・ピアス、タトゥー、長髪（髪の長さは三センチ以下にすること）、明るい色の染髪は禁止。
- 女子は、ボディ・ピアス、タトゥー、明るい色の染髪、派手な化粧、マニキュア、爪を長く伸ばすこと、耳に複数のピアスをつけること、指輪は禁止。

これにより、「宗教への帰依を示す衣服」であるヒジョブは「ウズベキスタンには多様な民族と宗教の人々がおり、また義務教育は世俗教育である」という観点から、あご髭はピアスやタトゥーとの並びで身だしなみの観点から、学校での禁止が明文化されたのである。また、男子のズボン丈につい

a

b

図 2-6　採用された統一制服　a：1-6 年生用，b：7-11 年生用（URL⑰）

ても、中東において初期イスラームへの回帰を主張するサラフィー主義者に見られるような、くるぶし上丈のズボンの着用を防止するものとなっている。

しかし、二〇一九年五月末、当時情報マスコミ機構副総裁だったミルズィヨエヴァ Saida Mirziyoyeva（大統領の長女、一九八四年生まれ）が、学校が直面するさまざまな困難を勘案すれば統一制服の義務化は時期尚早との意見を表明した（URL⑱）。するとほどなく六月一九日付大臣会議決定第五〇九号によって、前年の大臣会議決定第六六六号に修正が加えられ、統一制服着用の義務化は二〇二四年度（二〇二四年九月開始）からに延期されることとなった。すでに決定した制服についてはは二〇二四年度までは義務ではなく、自由意志に基づいた着用が推奨されることとなったが、学びのドレス・コードは変更なく有効となっている。

一方で、学びのドレス・コードはその実現を担う人々の間にさまざまな形で忖度や新しい任務を生み出しており、大臣会議決定の直接対象ではない大学のドレス・コードの強化につながったり（ＵＲＬ⑲）、学校・地方行政府・治安機関をつなぐヒジョブ着用生徒監視の仕組みが生まれる（ＵＲＬ⑳）など、波紋を広げてもいる。

こうした経緯からは、統一制服の導入は、トップダウンで、しかし決定までの過程において国民の意見の反映や若者の参画が見て取れるようなプロセスを織り交ぜて、進められてきたことがわかる。導入のプロセス自体にはかなり紆余曲折があり、順調に進んでいるとは評価しがたいが、一方で、統一制服の属性という形で提示された、学びのドレス・コードを統一制服着用義務化に先立って有効とすることで、ある意味では実に巧妙な形でイスラーム的装いを排除しつつ、とりわけエリート層にとって「ウズベク人はいかに装うべきか」の具体的指針が与えられることとなった。そしてそれは、本稿冒頭に提示したような現代ウズベキスタンという磁場において、権威主義体制が「進化」（宇山二〇一七）していくなかで、すなわち国民の声の反映をアピールしながら、巧みに文化イデオロギーの浸透を多方面から図るなかで可能となっているともいえるのである。

おわりに

以上に見てきたように、ナショナルなドレス・コードが実際に推奨する装いとは、結果として、さして特徴のない、いわば「普通の洋装」であり、決して「民族的」装いではない。そこにおいて「ウズベク性」は、かつてのソ連時代のような牧歌的で田園風景的な、民族衣装によるウズベク人の表象に求められるのではなく（それは芸能などの分野で民族スタイルという形でよきものとして存在し続けるだろう）、慎ましさと品格のある装いを常に心がける道徳心やメンタリティに求められている。その慎ましさと品格の基準は、「ウズベク的伝統」に依拠する上からのナショナリズムが保守的かつ世俗主義的な価値観を持つ人々を取り込みつつ、ある意味ではグローバリゼーションに抗って、現代の文脈において好ましくないものを排除するための基準ともなっている。ここで私たちは「ウズベク的伝統の創出」あるいはその脚色と更新を目の当たりにしているのではないだろうか。

独立後の新しい国民文化構築が進行中であるとすれば、「高邁な精神と啓蒙」の文化イデオロギーの内側では国家により統制された文化が、その外側ではその統制から自由な文化が求められ、また生み出されている。ナショナルなドレス・コードをめぐる状況は、装いに限らず、ポストソ連時代のモダニティのあり方そのものについての葛藤と相剋を映し出している。

件のローラはスキャンダルをものともせず、一連の騒動を完全にパロディー化したクリップ「ローラのライセンス剝奪？」（ＵＲＬ㉑）を二〇一九年に公開し、相変わらず人気を博している。学校から排除されたヒジョブは街中では第二、第三のトレンドを生み出している。国家はどこまでこれらを統制しようとするだろうか。こうして、国家と社会の間の興味深い交渉は今なお続いている。

参考文献

宇山智彦（二〇一七）「権威主義の進化、民主主義の危機」村上勇介・帯谷知可編『秩序の砂塵化を超えて』京都大学学術出版会

大塚和夫（一九八五）「あご髭とヴェール——衣裳からみた近代エジプトのイスラーム原理主義」『民族學研究』五〇（二）
帯谷知可（二〇〇三）「ポスト社会主義期中央アジアにおける新しいナショナリズムと文化——ウズベキスタンの「祖国の歌」についての覚書」佐々木史郎編『ポスト社会主義圏における民族・地域社会の構造変動に関する人類学的研究——民族誌記述と社会モデル構築のための方法論的・比較論的考察』国立民族学博物館
帯谷知可（二〇一六）「社会主義的近代とイスラームが交わるところ——ウズベキスタンのイスラーム・ベール問題からの眺め」村上勇介・帯谷知可編『融解と再創造の世界秩序（相関地域研究 二）』青弓社
菊田悠（二〇一五）「ウズベキスタンのマハッラにおける経済・社会変化とイスラーム——二〇〇〇年代を中心に」藤本透子編『現代アジアの宗教』春風社
スコット、ジョーン・W（二〇一二）『ヴェールの政治学』李孝徳訳、みすず書房
内藤正典・阪口正二郎編（二〇〇七）『神の法vs.人の法——スカーフ論争からみる西欧とイスラームの断層』日本評論社
ヨプケ、クリスチャン（二〇一五）『ヴェール論争——リベラリズムの試練』伊藤豊他訳、法政大学出版局
Kamp, Marianne (2006) *The New Woman in Uzbekistan: Islam, Modernity, and Unveiling under Communism*, Univ. of Washington Press.
Klenke, Kerstin (2019) *The Sound State of Uzbekistan: Popular Music and Politics in the Karimov Era*, Routledge.
Northlop, Douglas (2004) *Veiled Empire: Gender and Power in Stalinist Central Asia*, Cornell Univ. Press.
Sattarov, Rafael (2017) "'Spirituality and Enlightenment': Uzbekistan's State-Backed Ideological Policy," CAP Papers 196 (Fellows Papers Series) Oct. 2017.

URL(すべて二〇二〇年五月三一日閲覧)

① https://www. lex. uz/docs/65108?otherlang=1
② https://eurasianet. org/uzbekistan-supporters-of-islamic-clothing-take-battle-to-court
③ https://iwpr. net/global-voices/close-shave-uzbek-men
④ https://rus. azattyk. org/a/27164113. html
⑤ https://www. rferl. org/a/uzbek-soccer-fans-beards-stadium-banned/27775057. html
⑥ https://thediplomat. com/2019/09/religion-beards-and-uzbekistans-secular-government/
⑦ https://upl. uz/policy/7661-news. html
⑧ https://www. reuters. com/article/us-uzbekistan-islam-hijab/uzbek-imam-sacked-after-urging-president-to-allow-hijabs-beards-idUSKCN1LQ0VP#:~:text=TASHKENT%20(Reuters)%20%2D%20An%20Uzbek, in%20the%20mainly%20Muslim%20country.
⑨ https://www. rferl. org/a/central-asia-fashion-islamic-risque-western-national-mentality/26932437. html
⑩ https://www. rferl. org/a/qishloq-ovozi-uzbekistan-/27118277. html
⑪ https://www. ozodlik. org/a/27018279. html
⑫ https://kun. uz/uz/83096061?q=%2F83096061
⑬ https://www. gazeta. uz/ru/2017/08/23/uniform/
⑭ https://kommersant. uz/v-tashkente-podgotovili-eskizy-edinoj-shkolnoj-formy/
⑮ https://nuz. uz/sobytiya/28755-ot-kutyur-uzbekistancy-golosuyut-za-shkolnuyu-formu. html
⑯ http://press-club. uz/ru/shkolnaya-forma-sovremennyj-i-udobnyj-kroj-innovatsionnyj-podhod-i-vseobshhij-vybor-2/
⑰ https://nrm. uz/contentf?doc=553856_o%E2%80%98zbekiston_respublikasi_vazirlar_mahkamasining_15_08_2018_y_666-son_davlat_umumiy_o%E2%80%98rta_talim_muassasalari_o%E2%80%98quvchilarini_zamonaviy_yagona_ma

ktab_formasi_bilan_taminlash_chora-tadbirlari_to%E2%80%98g%E2%80%98risidagi_qarori&products=1_vse_zakonodatelstvo_uzbekistana

⑱ https://uz.sputniknews.ru/society/20190531/11658175/Saida-Mirzieva-v-shkolakh-Uzbekistana-eshche-rano-vvodit-obyazatelnuyu-shkolnuyu-formu.html

⑲ https://eurasianet.org/uzbekistan-school-uniform-rules-draw-fire-from-all-sides

⑳ https://rus.ozodlik.org/a/30201440.html

㉑ https://www.youtube.com/watch?v=WHZ0Ob-XZVI

コラム1

近代における男性服の日中交流——長袍馬褂と学生服

劉 玲 芳

一 日中男性の服装状況について

一九世紀の後半から二〇世紀の初頭にかけて、日中両国では「衣食住」が徐々に西洋化していった。そのような風潮の中、「洋服」(背広、シャツなど)が日中両国に伝わってきた。だが、洋服を着慣れるまでには、かなり長い時間がかかった。たとえば、実際は長い間、日本人男性は公の場では「洋服」を、私的な場所では「和服」を身につけていた。一方、中国では、中華民国時代(一九一二—)以降でも、清朝の伝統服(長袍馬褂)を着続ける人がほとんどであり、洋服を着るのは、たった一部の政治家や西洋の会社などに関わっている一握りの人たちだけであった。つまり、服装の転換期、日中両国ではともに何の抵抗もなく洋服を受容したわけではなかったのである。それだけではない。拙著で解明した通り、日中両国の人々はお互いの服装文化に関心を示したり、実際に相手国の服装を着ていたり、といった現象が見られたのである(1)。

二 日本人男性の中国服趣味

管見の及ぶ限り、初めて中国服（清国の衣服である長袍馬褂）を着たのは、歌舞伎役者であった。一九一〇—一九二〇年代頃の新聞・雑誌には、中国服を着た人気役者の記事がしばしば見られ、大きな話題となった。ただ、その評価は年代によって異なる。たとえば、一九一〇年代の市村羽左衛門（一五代目）の中国服は新奇な外国人の衣服に過ぎないと思われていた。それに対し、一九二四年の市川左團次（二代目）の中国服は日中交流の象徴だとされた。一九二六年頃、市川松蔦（二代目）が娘と一緒に中国服姿をしている事例からは、中国服が歌舞伎役者の家庭に浸透していたことが窺える。

歌舞伎役者の中国服姿はあくまでも特例だと思われるかもしれない。だが、他にも中国服を愛着する日本人男性は少なからずいた。たとえば、作家の芥川龍之介や、「中国通」と呼ばれていた後藤朝太郎、中国文学研究者の吉川幸次郎たちにも、中国服に関するエピソードがいくつか残されている。こうした知識人たちは、歌舞伎役者とは異なり、中国服を着ることによって、漢文化教養を持つ人物であることや、中国の伝統文化に愛着があることを示そうとしたのである。

図コラム 1-1　中国服愛好者の後藤朝太郎　後藤朝太郎（1927）『支那游記』春陽堂，口絵

では、一般人の場合はどうだろう。一九二〇年代前後、旅行や仕事のために、中国と日本の間を往来する人たちが多く存在した。彼らは、洋服のような窮屈感がなく、着心地のよい中国服に魅了され、長い期間、中国服を着用したのである。彼らは中

国服を着ることによって、洋服からの解放感を得ることができたため、好んで着用したようである。

もちろん、一部の日本人の間には、日清戦争の敗戦国を軽蔑する風潮がまだ残っていたから、中国服を着用した日本人が中国人と見做され、時に差別を受けることがあったということも、また事実である。

図コラム 1-2　中国福建省益聞社高等小学校の記念写真
ハーバード大学図書館所蔵

三　中国人と「学生服」

一方、一九〇〇年代頃、中国本土において、日本の学生服が登場する。では、いったいどのようにして、日本の学生服は中国に渡ったのであろうか。

日清戦争をきっかけに、日中の関係が逆転し始めた。この立場の逆転によって、当時急速な勢いで国力を高めていた日本を、中国は再認識することになった。やがて日本に学ぼうとする気運が高まってきた。実は、学生服の伝来の背景には、体操授業の導入がある。当時の中国には、日本に倣って体操の授業を導入し、中国人の体力を増強し、軍事力を高めていこうという意図があった。しかし、体操や運動をするときに、長袍馬褂はいかにも不便なものであった。この時、都合がよかったのが、日本の学生服だったのである。それは軍服の要素を含んでおり、しかも当時市販されていた洋服よりもはるかに安価であったからだ。つまり、日本の学生服は「体操着」として清朝末期の新型学校に導入され、学生に着用されていたのである。清朝末期に学生の体操着であった学生服は、中華民国時代になると、小学校や中学校、後に大学の制服となっていく。これは中華民国の教育部の政策によるものである。

四　日本服・洋服・中国服をめぐる論争

一九二〇年代の日本には、和服と洋服、そして中国服をいくつかの方面から比較し、三種類の服装の優先順位をつけるような論説がしばしば見られる。そこには、中国服が和服より優れているという説や、中国服が三種の服装の中で最優位であるという主張さえあった。中国服を賞賛した日本人の考え方は、①どんな季節にも向いている、②ゆるやかである、③威儀堂々としている、④文化的である、という四点に要約することができる(2)。

興味深いことに、ほぼ日本と同時期、つまり一九二〇年代の初頭から、中国においても、男性の服装を改良しようとする気運が高まってきた。そこには、日本式の学生服の着用を勧める記事が少なくない。学生服を推奨する意見としては、学生服が①便利で着用しやすい、②姿勢を良くすることができる、③見た目が良い、④運動しやすい、といった諸点がよく見られる(3)。実際、機能性や経済性という長所があったこともあり、学生ではないのに学生服に憧れて実際に着る人まで現れた。やがて、学生服は中国人男性の中で、一時的に大流行することになる。

このように、けっして全員というわけではないものの、日本では中国の長袍馬褂を着用し、他方で中国でも日本の学生服が憧れられ流行した。こうした海を越えた男性服の日中交流が、二〇世紀の初頭においても盛んに行われていたのである。

注

（1）劉玲芳（二〇二〇）『近代日本と中国の装いの交流史――身装文化の相互認識から相互摂取まで』大阪大学出版会。

（2）井上紅梅（一九二一）『支那風俗・下巻』日本堂書店、三三五頁。中山忠直（一九二七）『日本人に適する衣食住』宝文館、九一頁。村松梢風（一九二八）『支那漫談』騒人社書局、四九頁。

（3）九獅（一九二六年一二月一六日）「改進我們服装應有的条件」『申報』一三頁。

II

音楽

第3章　戦時下日本の音楽産業と軍歌レコードの受容

辻田真佐憲

一　「押し付け」か、「商品」か

戦時下日本の軍歌というと、いまだに「政府や軍部に無理やり歌わされたもの」というイメージで語られやすい。だが、近年では、日本の軍歌が商品として大量に生産され、大衆に消費されたことが徐々に明らかになってきている。

日清戦争では、「当時軍歌の出版殆ど紙価を狂わしむるの今日」と書かれるほど数多くの軍歌集が刊行され、一八九四、九五年だけで約一四〇〇曲もの歌が新たに登場した。[1]『ちゃん〳〵征伐音曲集』という歌集などはよく売れ、「再販〳〵で〔版元の〕主人は大黒顔の悦び」だったという。[2]

昭和に入ると、軍歌のおもな生産者は新たに勃興したレコード会社に移ったが、その傾向は変わらなかった。大きな軍事衝突が起こると、かならず関係する軍歌が送り出され、新聞社や出版社とのタイアップも盛んに行われた。[3]

内務省の調査によれば、日中戦争がはじまった一九三七年七月七日から翌年一月末までに同省に納付された「時局関係レコード」のうち、「軍歌及歌謡」は七五九種類にものぼった。[4] その時局便乗と粗製乱造はときに著しく、ヒット曲の模倣盤が出現してレコード検閲官を「笑止千万」と困惑させ、[5] 大きな事件にあわせて類似盤が噴出して音楽評論家を「乱作乱売」と憤慨させた。[6]

もちろん、政府や軍部による厳しい統制は存在した。ラジオは放送開始の一九二五年より、レコードは一九三四年より、それぞれ検閲されていたし、官公庁はことあるごとにさまざまな歌を募集・推薦・後援・制定し、国策に沿った価値観の普及を図った。国民皆唱運動の名のもとで、特定の歌が具体的に押し付けられたこともあった。しかし、企業の営利活動や消費者の支持を抜きに、これだけ厖大な数の軍歌が作られたことは説明できない。「上から」の統制モデルのみで戦時下の音楽を語ることは、かえってその本質を見失うだけではなく、今日への教訓という意味でも重要な見落としとなる恐れがある。

とはいえ、軍歌の商業的な側面はいまだ十分に解明されたとはいいがたい。政府や軍部の関与が復刻された公文書などで比較的たどりやすいいっぽうで、営利企業の活動は非公開の内部資料などを用いなければならないからである。レコードがしばしばコレクターの玩弄物とみなされ、資料としてあまり活用されてこなかったことも、この傾向に拍車をかけている。

そこで本稿では、これまで使われてこなかったレコード会社側の資料も用いることで、戦時下日本の音楽産業とその「商品」であった軍歌の商業的な側面にアプローチしてみたい。

二　昭和戦前期におけるレコード産業の概観

最初に、レコードというメディアと、昭和戦前期における音楽産業の歴史をかんたんにふりかえっておきたい。

昭和戦前期に用いられたレコードは、今日、SPレコード(Standard-Playing Record)と呼ばれる。大きさは何パターンか存在するが、歌謡曲系では直径一〇インチ(約二五センチメートル)のものが主流だった。原料は、ラックカイガラムシの分泌物より抽出した天然樹脂のシェラック。重く、壊れやすく、それでいて、片面で約三分半の音しか記録できなかった。したがって、A面とB面でそれぞれ関係する曲をひとつずつ収録するのが一般的だった。合成樹脂の塩化ビニルがレコードの原材料に使われ(LPレコード、ドーナツ盤の登場)、録音時間が比較的に伸び、音質も向上するのは、日本では一九五〇年代を待たなければならない。そのため、本稿ではこのSPレコードのことをたんにレコードとも呼ぶ。

アナログレコード世代にとっては当たり前のことかもしれないが、レコードは蓄音器(レコードプレイヤー)にかけて再生する。すなわち、蓄音器の針を盤面の音溝に落とし、レコードを回転させることで記録された音を復元する。この凹型の音溝は、スタンパーと呼ばれる凸型の金属原盤を、蒸気で熱して柔らかくしたシェラックに押し付ける(プレスする)ことで大量複製された。

デジタルデータで音楽をやり取りできる今日からみれば、レコードは旧世代の遺物のように思われるかもしれないが、当時としては革新的な技術だった。昭和戦前期、これを生産・販売する音楽産業は、それゆえ大いに活況を呈した。関東大震災後にレコードと蓄音器に一〇割の奢侈関税が導入されて外資系レコード会社が日本に進出してきたこと、また同時期にレコードの録音と製造にかんする技術革新（電気録音、ラミネート加工など）が進んだことなども重なった。

そのため、一九二〇年代後半から一九三〇年代にかけて、コロムビア、ビクター、ポリドール、キング、テイチク、タイヘイ、ニットーなどのブランドが揃い踏みとなり、激しい競争を展開したのである。[7]このような競争は植民地にも持ち込まれ、たとえば朝鮮では、コロムビア、ビクター、ポリドール、タイヘイ、オーケー、コリアなどのブランドがほぼ同時期に登場した。[8]

植民地を含む帝国日本のレコード製造数は、一九二九年の約一〇四八万枚から、一九三三年の約二四六八万枚、そして一九三六年の約二九六四万枚と、飛躍的に上昇している。[9]レコード検閲官の小川近五郎は、一九三五年に日本のレコード製造数は「世界第一」であり、毎月一万一〇〇〇種もの新譜が出ているとのデータも披露している。[10]

それでもこの数字を物足りなく感じるかもしれない。ただ、SPレコードは物理的に重厚長大だったので、生産・輸送・販売に大きなコストがかかった。今日のように手軽に持ち運びのできるプレイヤーもなく、大きな蓄音器をまえに大勢で聞くものだった。それを踏まえて、レコードの製造数を捉えなければならない。

そのなかで、レコード各社の売上を牽引したのが、「流行歌」と呼ばれるジャンルだった。のちに歌謡曲と呼ばれるようになる、洋風のポピュラーソングのことである。中山晋平作曲の「東京行進曲

／紅屋の娘」(ビクター、50755)、古賀政男作曲の「酒は涙か溜息か／私此頃憂鬱よ」(コロムビア、26486)などが初期の代表的なものだった(前半のタイトルはA面の曲を、後半のタイトルはB面を指す。またカッコ内の数字はレコード番号を指す)。

軍歌はこれと対極のように考えられているが、じつは流行歌が軍事化したものと考えるとわかりやすい。事実、流行歌と軍歌の作り手はまったくといっていいほど同一だった。作詞者でいえば、大木惇夫、久保田宵二、西条八十、佐伯孝夫、佐藤惣之助、高橋掬太郎、野村俊夫、作曲者でいえば、阿部武雄、江口夜詩、大村能章、古賀政男、古関裕而、佐々木俊一、中山晋平、竹岡信幸、服部良一、万城目正などがそうである。

かれらの多くはレコード会社と専属契約を結んでおり、毎月作曲のノルマを抱えていた。一例として古関裕而(一九〇九―一九八九年)を取り上げてみよう。「紺碧の空」「阪神タイガースの歌(六甲おろし)」「露営の歌」「若鷲の歌」「長崎の鐘」「モスラの歌」「オリンピック・マーチ」などで知られる、昭和を代表する大衆作曲家である。

古関は一九三〇年一〇月コロムビアと一年間の専属契約を結び、印税の前払いとして月給二〇〇円を受け取る代わりに、毎月六曲のノルマを課せられた。当時のサラリーマンの月給が一〇〇円ほどだったので、これは悪くない額だった。ところが、古関はなかなかヒット曲を当てられず、しかも作曲のノルマを果たせなかったので、翌年の契約更新で月給を一〇〇円に引き下げられてしまった[11]。

このようにレコード会社と契約を結ぶ専属作家たちは、つねにヒット曲を作るように駆り立てられており、エロ・グロ・ナンセンスが流行すれば「エロ歌謡」を、ご当地ソングが流行すれば「地方小唄」を、戦争が起これば「軍歌」を、否応なく作らなければならなかった。その意味で、流行歌と軍歌はほとんど地続きだった。

それゆえ、『日本国語大辞典』第二版における軍歌の定義、すなわち「兵士の士気をふるい立たせ、あるいは軍事思想を普及するために作られた歌曲。行進曲風のものが多く、時代により流行歌ともなる」は、本質を捉えている。時局関係のレコードには、「軍歌」「時局歌」「国民歌」「愛国歌」「軍国歌謡」など多種多様なジャンル名が記されているが、厳密に使い分けられておらず、漠然としたものだった。[12] それを無理やり分類しようとするとかえって混乱をきたし、国際比較の妨げにもなるため、以下でも軍歌の定義は『日本国語大辞典』のそれに従うこととする。

なお、レコード製造数は、日中戦争の勃発を受けて減少に転じ、アジア太平洋戦争さなかの一九四二年には、約一七〇九万枚にまで落ち込んだ（一九四三―四五年は記録なし）。これは、シェラックの不足、レコードへの課税強化の影響なども大きかった。そして一九四五年初頭、本土空襲などにより、レコード生産はついに全面的な中止に追い込まれてしまった。

三　昭和期軍歌の数量的把握

さて、今回のテーマは軍歌の商業的な側面の解明だった。これを考えるとき、数量的な把握は欠かせない。というのも、いくら「売れた」「ヒットした」「大衆の心を摑んだ」といっても、客観的な裏付けがなければ、恣意的な解釈に陥りかねないからである。

前述したように、出版物のかたちで刊行された明治期の軍歌については、すでにそのような研究が存在する。これにくらべて、レコードのかたちでリリースされた昭和期の軍歌については、かならずしもそうではなかった。

もちろん、まったく根拠となる資料がないわけではない。よく参照されるのは、『音楽文化』一九四四年一一月号に掲載された、一九四三年八月から翌年八月までのレコード販売枚数の集計「この一年の音盤」である。これによると、「若鷲の歌／決戦の大空へ」（コロムビア、100789）が二三万三〇〇〇枚、「轟沈／海底万里」（コロムビア、100853）が八万一〇〇〇枚、「索敵行／大空に祈る」（コロムビア、100700）が六万五〇〇〇枚売れるなどしたという。(13)

アジア太平洋戦争の後半になってこのような数字が出た背景には、一九四三年八月に発足した日本音盤配給の存在があった。レコードの流通・販売を一元化するこの国策会社の成立により、これまでレコード各社が公開してこなかった販売実績が公開されるにいたったのである。もっとも、この資料では上位一〇位までしか掲載されておらず、またそれ以外の時期の数字も明らかになっていない。

もうひとつ資料として挙げられるのは、「売上実数ヨリ見タル流行歌「レコード」ノ変遷（昭和十三年二月調査）」である。これは、内務省の文書と考えられるもので、一九二八年から一九三八年まで、一〇万枚以上売れたレコード五四種がリストアップされている。一〇万枚は、今日のミリオンセラーに匹敵する数字だった。この資料によれば、さきにあげた「東京行進曲」は二二万九二〇〇枚、「酒は涙か溜息か」は二八万枚、それ以外では「進軍の歌／露営の歌」（コロムビア、29530）は五六万枚、「ああそれなのに／うちの女房にゃ髭がある」（テイチク、1165）は四九万六九八八枚売れるなどしたという(14)。

ただし、この数字には疑念もないではない。というのも、この資料は、大阪市の村岡亭という人物が、音楽雑誌『SPレコード&LP・CD』の編集部に送った、「昨年(一九九八年)、古本屋で見つけた警察の検閲関係の人が私的に遺していた資料」のコピーを転記したとされるものだからである。つまり、この原資料は公文書館や図書館などで保管されているわけではなく、どういう文書と一緒にまとめられていたのかもわからない。つまり、文書作成・配布の経緯や、内務省の官吏がどのようにこの数字を調べたのかが不明なのである。またそもそも仮に数字が正しいとしても、この資料では一〇万枚以上のヒット曲しかわからないという問題点も存在する。

これ以外では、新聞や雑誌などに記された「~枚売れた」という記述や、当時のひとびとの日記や回想を使ってその歌の人気/不人気のほどを測ることなどが行われてきた。ただ、それは部分的なものとならざるをえず、どうしても隔靴掻痒の感は否めなかった。

四　日本コロムビアの「レーベルコピー」

とはいえ、『音楽文化』の「この一年の音盤」にせよ、「売上実数ヨリ見タル流行歌「レコード」ノ変遷」にせよ、製造元のレコード会社より集めた数字がもととなっているにちがいない。とすれば、レコード会社にこそその根拠となる資料が残っているのではないか。今回ここで取り上げる、日本コロムビアの「レーベルコピー」がまさにそれにあたる。

日本コロムビアは、一九一〇年に設立された日本最古のレコード会社・日本蓄音器商会(日蓄)を前身とする。同社は、一九二七年に英米コロムビアの資本参加を受けて、コロムビアレコードの発売を開始。同じく外資系の日本ビクター蓄音器(ビクターレコード)などと激しくシェアを争って、昭和初期のレコード業界を牽引した。一九三六年には、二〇〇名近くの専属アーティストと、全国四〇〇〇軒の小売店網を擁したとされる[15]。日蓄はその歴史とともに、日本のトップを走るレコード会社だった。なお、その前年に、満洲事変以降の国際情勢をおもんぱかって外資が引き上げられ、民族資本系の企業に復帰している。そして同社は、アジア太平洋戦争下の一九四二年八月に日蓄工業と改称し、戦後の一九四六年に日本コロムビアと改称した(このように商号が頻繁に変わるため、本稿では一貫してコロムビアと呼ぶ)。

いっぽう「レーベルコピー」は、同社よりリリースされたレコードのレーベル部分の原稿である。曲名、作詞者、作曲者、編曲者、歌手、演奏者、ジャンル、レコード番号などのほか、発売日、レコーディング日、作者や歌手たちの印税や出演料などが記されている。書式は時期によって多少異なるが、一九四四年四月新譜を境に、英語の書式(「LABEL COPY」)から日本語の書式(「レコード・レベル原稿」)に大きく転換している。

一九二八年から一九六二年までの「レーベルコピー」は、現在、レコード番号ごとに九二巻のファイルに整理され、東京都港区に所在する日本コロムビアのアーカイブ・オフィスに保管されている。ときおり宣伝計画や社内文書、戦後のGHQの検閲に用いたと思われる歌詞の英訳なども挟まれており、音楽史やレコード史を考えるうえで一級の資料といえる。なお一般に公開されているわけではなく、閲覧のためには事前の許可を必要とする。[16]

そしてこの「レーベルコピー」の一部には、レコードの製造数が記入されているものがあるのである。これが本稿の目的との関係でとくに注目に値する。

この製造数は二種類存在する。ひとつは、初期製造数であり、書籍でいう初版部数にあたる。おおむね五〇〇枚から二〇〇〇枚のあいだで推移しているが、一九三一年あたりでほとんど表記がなくなっている。もうひとつは、製造中止時点までの総製造数であり、今回はこちらの数字を用いる。

製造中止までの製造数は、「製造中止」(一部、「廃盤」の表記あり)という青色の印のなかに手書きで記されている。日付は、「昭和十七年一月一日」「昭和十八年一月一日」「昭和拾八年八月五日」の三種類が確認できる。[17]アジア太平洋戦争下にレコードが製造中止されるにあたり、当時の担当者が記録のために書き込んだものと推測される(それ以外の時期における製造中止については不明)。

日本コロムビアによれば、この製造数は、白盤(サンプル盤)を含んでいるため、出荷枚数とイコールではないという。また、製造中止になっても金属原盤は処分されなかったため、戦後に(A面とB面の組み合わせを変えるなどとして)再プレスされることもあった。その意味で、あくまで戦時中に製造中止になった時点での製造数であることに注意が必要である。また、製造中止の時期から明らかなように、戦後の製造数はまったく記されていない。

とはいえ、この数字が重要なことには変わりがない。一例をあげれば、「酒は涙か溜息か」は、「レーベルコピー」では一九四二年一月一日付で製造中止され、この時点で二三万九三七六枚の製造数を数えたとされる。この数字は、作曲者の古賀政男が自伝で記している「〔一九三一年で〕一〇〇万枚を突破」[18]とも、さきの「売上実数ヨリ見タル流行歌「レコード」ノ変遷」の二八万枚とも異なっており、先行研究に見直しを迫るものである。

もちろん、「レーベルコピー」の数字もほかの資料と対照しなければならないだろう。福島市古関裕而記念館には、古関裕而の「レコード印税計算書」(一九三六年五月二六日—同年一一月二五日分)が保管されている。ここに記されたレコード枚数と「レーベルコピー」の製造数を契約書の規定とも照らし合わせながら比較検討してみたが、とくに矛盾はみられなかった[19]。部分的な時期にすぎないものの、「レーベルコピー」の製造数には一定の信憑性があると考えられる。

なお、戦時下に製造中止の判断が下されたことを考慮すると、非軍事的で軽佻浮薄な曲ほどヒットしていても製造中止になりやすく、逆に時局と適合した軍歌ほど(仮にあまりヒットしていなくても)製造中止になりにくかったと推測される。つまり、「レーベルコピー」の製造数は、非軍事的な流行歌ほど多めに出やすく(ヒット曲でも見境なく製造中止にされたので)、軍歌ほど少なめに出やすい(よほど売れなかったものが製造中止にされたので)という性格をもつ。その点も注意が必要である。

五　戦時下のレコードの受容と変遷

今回は、この「レーベルコピー」のうち、一九三七年一〇月新譜以降のレコードを調査の対象とした。つまり、日中戦争とアジア太平洋戦争下のそれということである。満洲事変前後を抜いたのは、サンプルの数が少なかったためであり、また一〇月新譜以降としたのは、レコードに時局が反映されるには製造・流通の関係でタイムラグがあったためである。なお、新譜月とじっさいの発売月にはズレがあり、たとえば一〇月新譜はおおむね九月二〇日に発売された（コロムビアの場合）。

コロムビアの流行歌系のレコードは、原則としてレコード番号の「25000―30000番台」（レーベルのデザインから黒盤と呼ばれる）と、それを継承した「100000番台」（一九四〇年四月より。同じく赤盤もしくはスダレと呼ばれる）に含まれる。今回のリストアップもこのなかから行った。ただし、両面とも流行歌系ではないもの（器楽曲、講演、訓話、浪花節、漫才、長唄、童謡、讃美歌など）は除外した。

以上にもとづいて集計すると、製造数を確認できたレコードは、五九七種にのぼった。すべてを掲げることはできないので、ここでは一万枚以上のものを表3-1に掲げる。

時系列だと、①一九三七年一〇月―一九三八年一二月新譜、②一九三九年一月―一九四二年一月新譜、そして③一九四二年三月―一九四三年七月新譜の三つの時期に分けられる。以下、これにもとづいてそれぞれの特徴を示したい。

①一九三七年一〇月―一九三八年一二月新譜

第一期は、盧溝橋事件から武漢作戦まで、日本軍が中国大陸で活発に作戦を展開し、占領地を増やしていった時期にあたる。「レーベルコピー」で製造数が確認できたレコードは一七四種、そのうち一万枚以上は二二種、製造数の平均は六八三三枚だった。

連戦連勝への熱狂、戦争終結への期待もあいまって、軍歌のレコードもたいへんよく売れた。とくに大阪毎日新聞社と東京日日新聞社が歌詞を懸賞公募して作った「進軍の歌」のレコードは、B面の

製造数が1万枚以上の新譜(1937年10月－1943年7月)

ジャンルなど	作詞者	作曲者	製造枚数	製造中止日
愛国歌 愛国歌	久保田宵二 西川林之助	古関裕而 飯田三郎	22,505	1942年1月1日
時局歌 時局歌	久保田宵二 佐藤惣之助	竹岡信幸 大村能章	25,020	1943年8月5日
時局歌 時局歌	西条八十 西条八十	古関裕而 古関裕而	31,769	1942年1月1日
流行歌 流行歌	高橋掬太郎 久保田宵二	古関裕而 竹岡信幸	28,949	1943年1月1日
時局歌 時局歌	久保田宵二 西条八十	天池芳雄 古関裕而	14,957	1942年1月1日
軍歌／支那駐屯軍司令部推薦 軍歌／支那駐屯軍司令部推薦	関東軍司令部・天津軍司令部嘱託八木沼丈夫 関東軍司令部・天津軍司令部嘱託八木沼丈夫	奥山貞吉 古関裕而	12,383	1942年1月1日
ジャズソング ジャズソング	服部竜太郎 奥山靉	ハンマー・スティン ゾカ	12,588	1943年8月5日
流行歌 流行歌	深草三郎 深草三郎	明本京静 明本京静	26,784	1943年1月1日
流行歌 流行歌	西条八十 高橋掬太郎	古関裕而 奥山貞吉	19,339	1943年1月1日
合唱 行進曲	(東京音楽学校作)	 吉本光蔵	24,106	1943年1月1日
流行歌 流行歌	高橋掬太郎 松村又一	北村輝 北村輝	14,880	1942年1月1日
流行歌 流行歌	高橋掬太郎 久保田宵二	大村能章 大村能章	11,001	1943年1月1日
流行歌 流行歌	久保田宵二 久保田宵二	江口夜詩 明本京静	12,908	1943年1月1日

表 3-1　日本コロムビアの「レーベルコピー」のうち

時系列	No.	レコード番号	新譜月	タイトル
①	1	29496	1937 年 10 月	国境の旗風 守れ生命線
	2	29580	1937 年 12 月	あゝ決死隊 戦線夜曲
	3	29610	1938 年 1 月	皇軍入城 勝利の乾杯
	4	29617	1938 年 1 月	夜船の夢 希望の港
	5	29630	1938 年 2 月	決死の伝令 戦捷行進譜
	6	29663	1938 年 3 月	北支戦線の歌 戦場だより
	7	29698	1938 年 4 月	若き日の夢 人の気も知らないで
	8	29700	1938 年 4 月	初陣日記 日の丸おけさ
	9	29707	1938 年 5 月	さくら進軍 軍国の兄弟
	10	29732	1938 年 6 月	紀元二千六百年奉祝会の歌 君が代行進曲
	11	29751	1938 年 6 月	遠い都に 乙女心はうれしいの
	12	29752	1938 年 6 月	小諸追分 天竜旅情
	13	29753	1938 年 6 月	あゝ青春の花の色 歓喜の乙女

ジャンルなど	作詞者	作曲者	製造枚数	製造中止日
ジャズソング ジャズソング	野川香文 藤浦洸	服部良一 服部良一	97,853	1942年1月1日
流行歌 流行歌	高橋掬太郎 高橋掬太郎	江口夜詩 江口夜詩	31,879	1943年8月5日
流行歌 流行歌	西条八十 西条八十	服部良一 服部良一	18,934	1943年1月1日
流行歌 流行歌	藤浦洸 高橋掬太郎	服部良一 池田不二男	22,160	1943年8月5日
愛国歌 愛国歌	海軍中佐松島慶三 西条八十	江口夜詩 古関裕而	19,434	1943年1月1日
時局歌 流行歌	佐藤惣之助 高橋掬太郎	阿部武雄 古関裕而	24,053	1943年1月1日
抒情歌 抒情歌	松村又一 西条八十	服部良一 服部良一	18,474	1942年1月1日
松竹大船映画「愛染かつら」主題歌 松竹大船映画「愛染かつら」主題歌	西条八十 西条八十	万城目正 竹岡信幸	289,291	1942年1月1日
愛国歌 愛国歌	佐藤惣之助 西条八十	古関裕而 江口夜詩	31,334	1943年8月5日
流行歌 流行歌	松村又一 高橋掬太郎	万城目正 万城目正	19,917	1943年1月1日
ジャズソング ジャズソング	高橋忠雄 妹尾幸雄	レオ・ブランク マーベルウエイン	47,032	1943年8月5日
シャンソン シャンソン	千家徹三 瀬沼㐂久雄	ゴメス・レニエール アルダバン	15,545	1943年8月5日
タンゴ ワルツ	奥山靉 奥山靉	ビアンコ ゾカ	17,466	1943年8月5日

時系列	No.	レコード番号	新譜月	タイトル
①	14	29761	1938年6月	雨のブルーズ バンジヨーで唄へば
	15	29777	1938年8月	夜霧の波止場 輝く青春(註)
	16	29800	1938年7月	南京みやげ 上海みやげ
	17	29888	1938年9月	月のセレナーデ 日暮の窓で
	18	29900	1938年10月	噫南郷大尉 憧れの荒鷲
	19	29901	1938年10月	戦場投ぶし 沓掛夜旅
	20	29909	1938年10月	思い出のブルース 月夜のワルツ
	21	29920	1938年11月	旅の夜風 悲しき子守唄
	22	29955	1938年11月	続露営の歌 皇軍へ感謝の歌
②	23	30066	1939年1月	島の星月夜 雪降る窓辺
	24	30087	1939年1月	ルムバ・タンバ ラモナ
	25	30091	1939年2月	ヴエニ・ヴエン ドンニヤ・マリキータ
	26	30092	1939年2月	ポエマ 人の気も知らないで

ジャンルなど	作詞者	作曲者	製造枚数	製造中止日
タンゴ ルムバ	桐山麗吉 服部竜太郎	ヴアレンチン アルマバイ	15,437	1943年8月5日
抒情歌 抒情歌	サトウハチロー サトウハチロー	古賀政男 古賀政男	23,512	1943年8月5日
流行歌 流行歌	高橋掬太郎 久保田宵二	江口夜詩 江口夜詩	17,819	1943年1月1日
抒情歌 抒情歌	藤浦洸 サトウハチロー	服部良一 服部良一	12,935	1943年8月5日
愛国歌／大阪市撰定 愛国歌／大阪市撰定	中川二郎 井上榊太郎	古関裕而 奥山貞吉	20,822	1943年8月5日
流行歌 流行歌／映画「アヴエ・マリア」より	藤浦洸 門田ゆたか	服部良一 ジミー・マワクヒユー	60,214	1943年8月5日
松竹大船映画「続愛染かつら」 松竹大船映画「続愛染かつら」	西条八十 西条八十	万城目正 竹岡信幸	235,279	1942年1月1日
流行歌 流行歌	藤浦洸 高橋掬太郎	服部良一 仁木他喜雄	50,769	1943年8月5日
流行歌 流行歌	西条八十 西条八十	竹岡信幸 竹岡信幸	19,627	1943年8月5日
流行歌 流行歌	長田恒雄 松村又一		59,003	1942年1月1日
流行歌 流行歌	西条八十 藤浦洸	服部良一	23,528	1943年8月5日
愛国歌／大阪朝日新聞九州支社懸賞募集当選歌 愛国歌／大阪朝日新聞九州支社懸賞募集当選歌	小役丸久雄 河西新太郎	明本京静 佐世保海軍軍楽隊	15,214	1942年1月1日
流行歌 流行歌	野村俊夫 サトウハチロー	仁木他喜雄 仁木他喜雄	32,301	1943年8月5日

時系列	No.	レコード番号	新譜月	タイトル
②	27	30093	1939年2月	伊太利の庭 マディアーナ
	28	30123	1939年2月	誰も知らない あの日あの頃
	29	30155	1939年4月	乙女の青空 伊豆の夕月
	30	30156	1939年4月	一杯のコーヒーから 青い部屋
	31	30171	1939年5月	戦時市民の歌 銃は執らねど
	32	30202	1939年5月	チヤイナ・タンゴ 口笛吹いて
	33	30230	1939年6月	愛染夜曲 朝月夕月
	34	30245	1939年7月	広東ブルース 海南島の月
	35	30260	1939年7月	印度の夜 蒙疆の月
	36	30290	1939年8月	何日君再来(いつの日君来るや) 涙の胡弓
	37	30291	1939年8月	東京ブルース 夜のルムバ
	38	30329	1939年9月	九州健児の歌 御神火行進曲
	39	30346	1939年9月	上海夜曲 夜のタンゴ

ジャンルなど	作詞者	作曲者	製造枚数	製造中止日
流行歌 流行歌	藤浦洸 藤浦洸	竹岡信幸 服部良一	15,211	1943年8月5日
流行歌 流行歌	サトウハチロー 高橋掬太郎	服部良一 江口夜詩	12,400	1943年8月5日
報知新聞所載・東宝映画「東京の女性」当選主題歌 報知新聞所載・東宝映画「東京の女性」主題歌	気賀ゆり子 藤浦洸	明本京静 服部良一	18,185	1943年8月5日
松竹大船映画「愛染かつら完結篇」主題歌 松竹大船映画「愛染かつら完結篇」主題歌	西条八十 西条八十	万城目正 早乙女光	316,295	1942年1月1日
流行歌 流行歌	高橋忠雄 松村又一		10,497	1943年8月5日
流行歌 流行歌	長田恒雄 高橋掬太郎	仁木他喜雄 池上一郎	10,005	1942年1月1日
流行歌 流行歌	佐藤惣之助 高橋掬太郎	柏木晴夫 北村輝	11,785	1943年8月5日
国民奉祝歌／紀元二千六百年奉祝会・日本放送協会制定 国民奉祝歌／紀元二千六百年奉祝会・日本放送協会制定			66,601	1943年1月1日
松竹大船映画「母は強し」主題歌 松竹大船映画「母は強し」主題歌	西条八十 高橋掬太郎	早乙女光 古関裕而	28,342	1943年8月5日
松竹大船映画「新妻問答」主題歌 松竹大船映画「新妻問答」主題歌	久保田宵二 サトウハチロー	古賀政男 古賀政男	50,061	1943年8月5日
松竹大船映画「愛染椿」主題歌 松竹大船映画「愛染椿」主題歌	西条八十 西条八十	万城目正 明本京静	107,444	1942年1月1日

時系列	No.	レコード番号	新譜月	タイトル
	40	30348	1939年9月	長崎のお蝶さん 懐かしのボレロ
	41	30392	1939年11月	明るい月夜 月の小窓
	42	30413	1939年11月	節子の唄 処女の夢
	43	30433	1940年1月	愛染草紙 荒野の夜風
	44	30471	1940年1月	ラ・クンパルシータ 背広の兵隊
	45	30485	1940年2月	ルムバ上海 我は旅人
②	46	30493	1940年2月	八重来々 夢の支那街
	47	30500	1940年2月	紀元二千六百年 紀元二千六百年
	48	30507	1940年4月	涙のすみれ 歎きの白百合
	49	30508	1940年4月	新妻模様 波を越えて
	50	30509	1940年4月	愛の紅椿 伊豆の子守唄

ジャンルなど	作詞者	作曲者	製造枚数	製造中止日
松竹大船映画「新女性聯盟」主題歌 松竹大船映画「新女性聯盟」主題歌	西条八十 西条八十	古関裕而 竹岡信幸	18,533	1943年8月5日
流行歌 流行歌	高橋掬太郎 高橋掬太郎	阿部武雄 阿部武雄	10,906	1943年8月5日
流行歌 流行歌	西条八十 野村俊夫	服部良一 柏木晴夫	25,115	1943年8月5日
流行歌 流行歌	久保田宵二 久保田宵二	北村輝 竹岡信幸	12,242	1943年8月5日
流行歌 流行歌	久保田宵二 久保田宵二	仁木他喜雄 仁木他喜雄	17,029	1943年1月1日
流行歌 流行歌	藤浦洸 藤浦洸		12,157	1943年1月1日
流行歌 流行歌	藤浦洸 野村俊夫	柏木晴夫 柏木晴夫	45,893	1942年1月1日
松竹大船映画「四季の夢」主題歌 松竹大船映画「四季の夢」主題歌	西条八十 片岡鉄兵	竹岡信幸 仁木他喜雄	20,278	1943年8月5日
流行歌 流行歌	佐藤惣之助 関沢潤一郎	服部良一 鈴木義章	288,100	1943年8月5日
流行歌 流行歌	佐藤惣之助 高橋掬太郎	古賀政男 古賀政男	15,974	1943年8月5日
流行歌 流行歌	奥野椰子夫 西条八十	山川武 奥山貞吉	28,883	1942年1月1日
流行歌 流行歌	久保田宵二 高橋掬太郎	古関裕而 山本芳樹	14,565	1943年8月5日
新興映画「嘆きの花傘」主題歌 新興映画「嘆きの花傘」主題歌	長田幹彦 長田幹彦	奥山貞吉 万城目正	12,523	1943年8月5日

時系列	No.	レコード番号	新譜月	タイトル
②	51	30510	1940年4月	乙女の戦士 幻の君
	52	30515	1940年4月	興亜音頭 大陸節
	53	100001	1940年4月	アリラン・ブルース 楽しき喫茶店
	54	100002	1940年4月	さくら乙女 胡弓を抱いて
	55	100008	1940年4月	北満ひとり旅 楊柳芽をふく頃
	56	100010	1940年4月	華僑の娘 珠江の舟唄
	57	100012	1940年4月	チエリー・ルムバ さくらワルツ
	58	100020	1940年5月	別れゆく花 帰らぬ夢
	59	100022	1940年6月	湖畔の宿 高原の旅愁
	60	100025	1940年6月	りぼんむすめ 花ある人生
	61	100045	1940年7月	赤城ブルース 乙女道中
	62	100046	1940年7月	蒙古の花嫁さん 燃ゆる人生
	63	100065	1940年8月	嘆きの花傘 花笠お夏

ジャンルなど	作詞者	作曲者	製造枚数	製造中止日
流行歌 流行歌	西条八十 サトウハチロー	古賀政男 古賀政男	10,864	1942年1月1日
流行歌 流行歌	奥野椰子夫 久保田宵二	万城目正 万城目正	46,834	1942年1月1日
新興映画「光に立つ」主題歌 新興映画「光に立つ」主題歌	戸川貞雄 西条八十	古関裕而 竹岡信幸	22,270	1943年8月5日
流行歌 流行歌	久保田宵二 佐藤惣之助	服部良一 古関裕而	15,395	1942年1月1日
陸海軍省認定／大日本国防婦人会選定	 西条八十	陸軍戸山学校軍楽隊 古関裕而	21,366	1943年8月5日
松竹映画「浪花女」主題歌 松竹映画「浪花女」主題歌	西条八十 佐藤惣之助	古関裕而 佐々紅華	15,331	1943年8月5日
流行歌 流行歌	佐藤惣之助 松村又一	竹岡信幸 服部良一	10,117	1943年8月5日
流行歌 流行歌	野村俊夫 野村俊夫	仁木他喜雄 仁木他喜雄	13,356	1943年1月1日
流行歌 流行歌	サトウハチロー 横山隆一	佐々木すぐる 服部良一	20,881	1943年1月1日
流行歌 流行歌	野村俊夫 佐藤惣之助	古関裕而 竹岡信幸	12,752	1943年1月1日
松竹大船映画「男への条件」主題歌 松竹大船映画「男への条件」主題歌	野村俊夫 久保田宵二	古関裕而 古田徳郎	19,945	1943年8月5日
日活映画「母系家族」主題歌 日活映画「母系家族」主題歌	サトウハチロー 藤浦洸	仁木他喜雄 古賀政男	20,151	1943年1月1日

時系列	No.	レコード番号	新譜月	タイトル
②	64	100075	1940 年 9 月	ネクタイ屋の娘 柄ぢやないけど
	65	100077	1940 年 9 月	愛染ながし 忘れな草の歌
	66	100095	1940 年 10 月	光に立つ 愛すればこそ
	67	100097	1940 年 10 月	満洲ブルース 大陸航路
	68	100125	1940 年 11 月	大日本国防婦人会々歌 起てよ女性
	69	100126	1940 年 11 月	浪花女 浪花気質
	70	100129	1940 年 12 月	母の手紙 銃後大島くずし
	71	100148	1941 年 1 月	ヒユツテの灯 スキー節
	72	100149	1941 年 1 月	向こう三軒両隣 回覧板
	73	100156	1941 年 2 月	おらんだ草紙 ヨコハマ懐古
	74	100187	1941 年 3 月	男心は波に聴け 春はわたしの胸にある
	75	100188	1941 年 3 月	母の歌 葵の唄

ジャンルなど	作詞者	作曲者	製造枚数	製造中止日
東奥日報社撰定 東奥日報社撰定	笹波義樹 滝田好雄	明本京静 中西重郎	11,007	1943年1月1日
歌謡曲 歌謡曲	西条八十 藤浦洸	佐々木すぐる 竹岡信幸	20,673	1943年8月5日
松竹大船映画「君よ共に歌はん」主題歌 松竹大船映画「君よ共に歌はん」主題歌	サトウハチロー 大木惇夫	古関裕而 古関裕而	51,331	1943年8月5日
東宝映画「雪子と夏代」主題歌 東宝映画「雪子と夏代」主題歌	西条八十 西条八十	竹岡信幸 竹岡信幸	18,405	1943年8月5日
台湾総督府, 日活共同映画「海の豪族」主題歌 台湾総督府, 日活共同映画「海の豪族」主題歌	佐藤惣之助 サトウハチロー	古賀政男 仁木他喜雄	10,876	1943年8月5日
国民総力朝鮮連盟推薦	田中初夫 中江牧	大場勇之助 古関裕而	11,513	1943年8月5日
歌謡曲 歌謡曲	西条八十 西条八十	(台湾古曲) (台湾古曲)	10,646	1943年8月5日

字で「発売禁止　5/31/38」と記されている.

「露営の歌」が爆発的にヒットし、半年で六〇万枚も売れたとされる。[20]

「レーベルコピー」からも軍歌の好調ぶりがうかがわれる。南京陥落をテーマにした「皇軍入城／勝利の乾杯」(29610)は三万一七六九枚、先述の「露営の歌」の続編にあたる「続露営の歌／皇軍へ感謝の歌」(29955)は三万一三三四枚、「初陣日記／日の丸おけさ」(29700)は二万六七八四枚といった具合だった。それでも「続露営の歌」作曲者の古関裕而は、この曲は「大したヒットにはならなかった」と自伝で述べているので[21]、ヒットしたものはもっと売れていたのだろう。

もっとも、軍歌がなんでも売れ

時系列	No.	レコード番号	新譜月	タイトル
②	76	100284	1941年7月	征け征け青森県号 出でよ少年航空兵
	77	100321	1941年8月	港つばめ 南のたより
	78	100334	1941年9月	君よ共に歌はん 忘れじの歌
	79	100335	1941年9月	雪子と夏代の歌 若きマリヤ
	80	100379	1941年12月	海の豪族 青い星(サマンの唄)
③	81	100452	1942年4月	勝つたぞ日本 半島決戦だより
	82	100591	1942年12月	夕日の街 雨の夜の花

(註)「レーベルコピー」では,「輝く青春」が「めぐり逢ふまで」となっており,赤

ていたわけではない。「輝く赤十字/赤十字を讃へる歌」(29609)は五三四枚、「勇猛戦車隊に捧ぐる歌/偲ぶ戦場」(29662)は五二三枚、「壮烈北満の志士/大陸の歌」(29997)は六九四枚と、驚くほど少なかった。レコードの製造数は、数百から数十万まで格差が激しかった。とくに「勇猛戦車隊に捧ぐる歌」は、読売新聞社が献納したものだったにもかかわらず、この数字にとどまった。消費者に受ければ売れるが、受けなければ売れない。軍歌が一律に押し付けられていたわけではなく、商品として流通していたと述べるゆえんもここにある。

いっぽう、日中戦争が長引くに

連れて、非軍事的な流行歌も人気を取り戻すようになった。「雨のブルーズ《ママ》／バンジヨーで唄へば」（２９７６１）の九万七八五三枚、「夜霧の波止場／輝く青春」（２９７７７）の三万一八七九枚などがそれにあたる。一九三八年一〇月には武漢作戦が行われ、政府も軍部も現地に作家（ペン部隊）や音楽関係者（レコード部隊）を派遣するなど、プロパガンダに務めていた。それにもかかわらず、このような結果となった。これは、消費者が長引く戦争に疲れ、軍歌に飽きてきたことを示唆している。そのなかでも、「旅の夜風／悲しき子守唄」（２９９２０）の二八万九二九一枚は断然飛び抜けているが、これについては次項でまとめて触れる。

②一九三九年一月―一九四二年一月新譜

第二期は、日中戦争が膠着状態に陥った時期にあたる。戦争に疲れた消費者は、ますます非軍事的なエンターテインメントに関心を向けるようになった。「レーベルコピー」で製造数が確認できたレコードは三七七種、そのうち一万枚を超えたものは五八種、製造数の平均は七九一五枚だった。

レコードとの関係では、一九三八年に封切られた松竹映画『愛染かつら』に触れなければならない。川口松太郎の連載小説を原作とする同作は、夫に先立たれた看護婦と病院長の令息との恋愛を描き、続編『続愛染かつら』『愛染かつら完結篇』（一九三九年）が作られるほど好評を博した。そしてその主題歌は、いずれも大ヒット曲となって巷間の耳目を集めた。

ほかならぬ先述の「旅の夜風」は『愛染かつら』の、二三万五二七九枚の「愛染夜曲／朝月夕月」（３０２３０）は『続愛染かつら』の、そして三一万六二九五枚の「愛染草紙／荒野の夜風」（３０４３

3）は『愛染かつら完結篇』の、それぞれ主題歌だった。まさに桁違いのヒットだったことが、これらの数字からよくわかる。

またこれに肉薄する二八万八一〇〇枚の「湖畔の宿／高原の旅愁」（100022）も、一般的な流行歌だった。A面「湖畔の宿」作曲者である服部良一は、この時期、「チャイナ・タンゴ」（30202）、「広東ブルース」（30245）など、非軍事的な歌で軒並みヒットを当てて気を吐いているが、アジア太平洋戦争下にことごとく製造中止の憂き目に遭ってしまった。

この事実は注目に値する。これまで服部良一や古賀政男など、軍歌であまりヒット曲を出せなかった作曲家は、戦時中にさまざまな不利益を被ったといわれてきた。そしてそれは、検閲などでレコードがつぎつぎに発禁処分されたことを意味すると考えられてきた。だが、「レーベルコピー」を見ると、違った側面が浮かび上がってくる。それは、この製造中止こそが大きな抑圧になっていたのではないかということだ。レコードの製造中止は、印税の途絶に直結する。印税で暮らしていた職業音楽家にとって、これは経済的な圧迫に等しかった。

いっぽう、時局関係のレコードでは「紀元二千六百年」（30500）が六万六六〇一枚で突出している。これは、一九四〇年の「皇紀二六〇〇年」（神武天皇が即位してから二六〇〇年にあたるとされた）にあわせて日本放送協会と紀元二千六百年奉祝会が制定した歌であり、各社よりさまざまなレコードがリリースされた。

それ以外では、一万枚台が数曲あるばかりで、第一期とくらべると軍歌の退潮は際立っている。売れないレコードの製造数は第一期をさらに下回っており、「半島進軍歌／半島娘」（100255）は二三二枚、「興亜行進曲／支那娘の夢」（30214、大阪・東京朝日新聞社が制定した「興亜行進曲」とは別曲）は二三六枚という具合だった。

③一九四二年三月―一九四三年七月新譜

最後の第三期は、アジア太平洋戦争の期間にあたる。日本軍は緒戦こそ有利に戦いを進めたが、一九四二年のミッドウェー海戦、ガダルカナル島をめぐる攻防戦で敗退し、一九四三年以降、急速に劣勢へと追いやられていった。レコードにも、このような戦局が如実に反映されている。

「レーベルコピー」で製造数の確認ができたレコードは四三種、そのうち一万枚を超えたものは二種、平均製造数は三六三三枚だった。レコードの製造数自体が減ったことに加えて、そもそも製造中止の日付が直近だった関係で、この期間の記録はきわめて少ない。

そのため、これまでのように傾向を分析することはむずかしいが、緒戦の快勝を受けた軍歌が上位に入っている。一万一五一三枚の「勝つたぞ日本／半島決戦だより」（10045２）、八三九七枚の「断じて勝つぞ／僕等の誓ひ」（10043０）、七五〇三枚の「どんと一発／勝ち抜くぞ」（10045６）などがそれである。なお「勝つたぞ日本」は、朝鮮総連の外郭団体・国民総力朝鮮連盟の推薦盤であり、おもに朝鮮半島で受容されたものと考えられる。

先述した「この一年の音盤」では、「学徒空の進軍」「大航空の歌」「荒鷲の歌」（以上、ビクター）、「月月火水木金金」（ポリドール）が、売上一〇位でそれぞれ二万二〇〇〇枚売れたとされている。そのため、ほぼ同時期に一万枚近く製造されたレコードは、そこそこのヒット曲といっていいだろう。

その後、一九四二年半ばすぎより、非軍事的な流行歌が目立ってくる。一万六四六枚の「夕日の街／雨の夜の花」(100591)、六六八九枚の「花白蘭／たそがれの牧場」(100637)、四一〇二枚の「深山そだち／おとめ白雲」(100566)などがそうだった。

このような動きは、音楽雑誌『レコード文化』の歌謡曲レビューでも、「徒らに人心を荒ませる様なお説教歌謡を氾濫せしめてその筋の御機嫌を取り結んで来たレコード歌謡界も、漸く今月あたりはその動脈硬化症が幾分治つて来たらしい[22]」(一九四二年六月号)、「砂を嚙む様な国策歌謡も、先月あたりからどうやら下火になつて来たらしく、この所漸くホッと一息[23]」(同七月号)などと評価されている。もっとも、評者である丸山鐵雄の理解とは異なり、四角四面の軍歌も緒戦ではそれなりに売れていたことは、すでに述べたとおりである。

全般的に見ると、当時の消費者は、軍歌一辺倒ではなかったが、かといって、軍歌を嫌って非軍事的な流行歌を選り好んだわけでもなかったことがわかる。日本軍が華々しく活躍すると軍歌を消費し、戦局が不利に陥ると非軍事的な流行歌に走る。そしてレコード会社も専属作家たちもその需要に応えようとする。それは、日中戦争下とも共通する、消費者と生産者の生々しい姿ではなかっただろうか。

六 「ウィン・ウィン・ウィン」の利益共同体

以上、おもに日本コロムビアの「レーベルコピー」を用いて、戦時下日本の音楽産業と軍歌レコードの受容の歴史をたどってきた。これを見てもわかるとおり、戦前の流行歌と戦中の軍歌は同じ「商品」として並列され、あるものはヒット曲として大量生産され、あるものは不人気曲として少部数にとどまった。作詞・作曲者の面でも、両者のあいだに明確な区別は見られなかった。

このようにみると、「政府や軍部に無理やり歌わされたもの」という軍歌の理解は一面的にすぎないことがわかる。そこには、企業の商業主義や大衆の消費活動も無視できない要素として存在した。軍歌はむしろ、効率的に宣伝しようとする政府・軍部、時局に便乗して収益を上げようとする企業、そして戦争を娯楽として消費しようとする大衆という三者の「ウィン・ウィン・ウィン」の関係、いわば一種の利益共同体からこそ大量に生み出されたといえるのではないだろうか。

昭和戦前期はつねに歴史の教訓として引き合いに出されるが、「上から」の統制モデルでは、政府や公的機関への警戒心しか導き出せない。だが、企業の商業主義、大衆の消費活動も重要なファクターなのだとすれば、見え方がまったく変わってくる。「売れる」「楽しい」の組み合わせは何の問題もないが、そこに時局便乗が加わると、しばしば攻撃的なコンテンツが生み出されてしまう。それは、「嫌韓本」やインターネット上の同種の動画が問題になっている今日、とくに教えるところがあるだろう。

今後の課題としては、国内外他社の資料やさらに著作権者の遺族などが所有していると思われる契約書類との対照などが考えられる。それを通じて、音楽産業とレコード歌謡の歴史はより客観的に位置付けられるようになるだろう。

注

（1）長谷川（二〇一一）、一八五―一八八ページ。
（2）『音楽雑誌』第五〇号（一八九五）、音楽雑誌社、三八ページ。
（3）永井（一九九八）。または、倉田（二〇〇六）、二三〇―二三八ページ。
（4）内務省警保局（一九三八）『出版警察資料』第三〇号、二五七ページ。
（5）内務省警保局（一九三五）『出版警察報』第七七号、二七二ページ。
（6）たとえば、井田潑三（「レコードに現はれた満洲」『満蒙』第一四年第一号、満蒙社、一九三三年、一五六―一六八ページほか）、丸山鐵雄（「歌謡曲」『レコード文化』第一巻第一号、レコード文化社、一九四一年、八六―八九ページ）など。
（7）外資の進出については、生明（二〇一六）、九八ページ以下を参照。
（8）李（二〇一〇）。なお、オーケーはテイチクと密接な関係を持つとされ、コリア（およびその後身であるニューコリア）は、朝鮮人資本とされる。
（9）「音楽ソフト　種類別生産数量推移」『一般社団法人日本レコード協会』https://www.riaj.or.jp/g/data/annual/ms_n.html（二〇二〇年一月三一日閲覧）。
（10）「毎月生れ出る新譜一万一千種」『東京朝日新聞』一九三五年一二月二一日朝刊五面。
（11）辻田（二〇二〇）、六一ページ以下を参照。
（12）たとえば、同時代のドイツの時局関係レコードも、Soldatenlied（一般に「軍歌」と訳されるが、日本でいう「兵隊ソング」「兵隊節」に近い）、Kampflied（闘争歌）、Marschlied（行進歌）などのジャンルが用いられており、ひとつの言葉で集約されていたわけではなかった。
（13）「この一年の音盤」『音楽文化』一九四四年一一月号、三〇ページ。なおこの時期、コロムビアの商標は英語を避けてニッチクと改称されているが、煩瑣なので一貫してコロムビアと呼ぶ。
（14）「戦前の流行歌ヒット盤がこれだ！」『ＳＰレコード＆ＬＰ・ＣＤ』四巻五号、アナログ・ルネッサンス・クラブ、一九九九年、八五―八八ページ。

(15) 佐瀬武礼「レコード会社資本調べ」『文藝春秋』一九三六年六月号、文藝春秋、二九二―二九八ページ。
(16) 資料の閲覧にあたっては、日本コロムビアの衛藤邦夫、小林正義、斉藤徹、冬木真吾、森淑の各氏(五〇音順)にご協力いただいた。記してお礼申し上げる。
(17) なお『週報』第三二八号(一九四三年一月二七日発行)には「米英音楽」の追放として、追放対象のレコード一覧表が掲載されているが、時期がズレており、直接の関係はないものと思われる。
(18) 古賀政男(二〇〇二)『自伝わが心の歌』展望社、一一三ページ。
(19) 辻田(二〇二〇)、一〇三―一〇五ページ。
(20) 小川近五郎(一九四一)『流行歌と世相　事変下に於ける歌謡の使命』日本警察新聞社、一六九ページ。なお「レーベルコピー」には、同レコードの製造数について記載がなかった。
(21) 古関裕而(二〇一九)『鐘よ鳴り響け』集英社文庫、七四ページ。
(22) 同誌、六二ページ。
(23) 同誌、六五ページ。

参考文献

生明俊雄(二〇一六)『二〇世紀日本レコード産業史　グローバル企業の進攻と市場の発展』勁草書房
大西秀紀編(二〇一一)『SPレコードレーベルに見る日蓄――日本コロムビアの歴史』京都市立芸術大学日本伝統音楽研究センター
倉田喜弘(二〇〇六)『日本レコード文化史』岩波現代文庫
コロムビア50年史編集委員会編(一九六一)『コロムビア50年史』日本コロムビア
昭和館監修(二〇〇三)『SPレコード60000曲総目録』アテネ書房
辻田真佐憲(二〇一四)『日本の軍歌　国民的音楽の歴史』幻冬舎新書
辻田真佐憲(二〇二〇)『古関裕而の昭和史――国民を背負った作曲家』文春新書

戸ノ下達也（二〇一〇）『「国民歌」を唱和した時代　昭和の大衆歌謡』吉川弘文館
永井良和（一九九八）「大衆文化のなかの「満洲」」津金澤聰廣・有山輝雄編著『戦時期日本のメディア・イベント』世界思想社
長谷川由美子（二〇一二）「明治期に出版された軍歌目録」呑海沙織編『戦争と文化　附・明治期出版軍歌目録』桂書房
李埈熙（二〇一〇）「一九四五年以前の韓国語レコード録音の多面性　東京と大阪、そして京城」谷川建司・王向華・呉咏梅編著『サブカルで読むナショナリズム　可視化されるアイデンティティ』青弓社

第4章　「ユーゴスラヴィア」の担い手としてのロック音楽

山崎信一

はじめに

ロック音楽の成立と世界的流行は、二〇世紀におけるグローバルな文化現象のひとつとして特筆しうる。ロック音楽は、一九五〇年代のアメリカ合衆国で黒人音楽と白人音楽の融合の中から生まれ、メディアの発展にも後押しされ、ヨーロッパをはじめ世界各地に急速に伝播した。ロック音楽は、人種や民族を超越する力を持っていた一方、世代によりその受容のされ方には相違があった。ロック音楽の担い手は圧倒的に若者層であり、それゆえ、既存のエスタブリッシュメントに対する対抗文化の象徴となった。西側諸国において商業的成功を収め、ジャンルとして確立したロック音楽は、さまざまなサブ・ジャンルを生み出し、またその社会的位置付けを変化させながら、二〇世紀後半の大衆音楽において主要な地位を占めた。

ロック音楽は、グローバルな文化としての側面を色濃く持ち、その伝播と受容のプロセスに共通性が見られる一方、それが社会の中で持った意味は、個々の時代や地域のあり方を反映しさまざまであった。ここで分析するユーゴスラヴィアの事例もまた、グローバルな現象としてのロック音楽が、社会の中でどういった固有の特徴を持つに至ったのかを示している。冷戦体制のもと、社会主義であった東側諸国にもロック音楽は伝播したが、ソ連圏の社会主義諸国においては、ロック音楽は体制にとって危険なものと認識され、国家の抑圧と統制のもと、体制派グループとして検閲を受けながら活動する公式ロックと、反体制に位置付けられ地下活動を余儀なくされる地下ロックの二極化が観察されている(Ryback 1990)。一方、一九四八年以降、ソ連の影響圏を脱していたユーゴスラヴィアでは、市場メカニズムを採用したこともあり、ロック音楽の受容の過程はむしろ西側におけるあり方と類似しており、この二極化も見られない。また、二〇世紀後半は、社会と人々の生活が大きく変化し、また、さまざまなメディアの発展や人々の生活圏の拡大と生活水準の向上、交流の深化が見られた時期である。そうした中、多民族国家であったユーゴスラヴィアにおいて、スポーツ、娯楽映画、テレビドラマ、音楽、消費文化などは、個々の民族文化を超越した「ユーゴスラヴィア文化」としての色彩を強く持つものとなった。ロック音楽もまた、そうした「ユーゴスラヴィア文化」の側面を色濃く持つものであり、一九八〇年代には、その主要な担い手として位置付けうるものとなった。

ユーゴスラヴィアは、一九九〇年代に連邦国家の解体と深刻な民族紛争を経験した。国家解体と紛争に起因する社会状況と政治状況の激変は、ロック音楽のあり方にも大きく影響した。ロック音楽は、ナショナリズムに部分的に取り込まれる一方、それに対抗する人々にとっても意味あるものと位置付けられていた。体制転換後の旧社会主義国においては、社会の変化と社会格差の拡大を背景に、社会主義体制へのノスタルジーの広がりが共通して観察されている。ユーゴスラヴィアの継承諸国においても同様であり、それはユーゴノスタルジーと名付けられている。ユーゴノスタルジーの社会的背景は一様ではないが、継承諸国の人々を相互に結びつける回路のひとつとして機能している。ロック音楽は、ユーゴノスタルジーの主要な要素であり、国家解体後にも存在する「文化空間としてのユーゴスラヴィア」を成立させるもののひとつとなっている。また、ロック音楽を通じて見えてくる「文化空間としてのユーゴスラヴィア」の姿は、民族対立と紛争の歴史として描くような単線的なユーゴスラヴィア史理解とは異なる視線を投げかけるものともなろう。

本章では、ロック音楽がいかにユーゴスラヴィアという磁場を生みだし、現在に至るまでそれを持続させているのか、そのメカニズムの一端を明らかにしたい(1)。

一　社会主義ユーゴスラヴィアにおけるロック音楽の発展

ロック音楽のユーゴスラヴィアへの伝来は、一九五〇年代末のことだった。最初期に伝来の経路となったのは、多くの若者が耳を傾けたと言われるラジオ・ルクセンブルクの短波放送や、また変わったところでは都市部の遊園地におけるメリーゴーランドなどの遊具のＢＧＭであった。当時の遊具のＢＧＭには、草創期のロック音楽が用いられていたという(Mišina 2013: 78-79)。そして、世界中の若者たちと同じ様に、当時のユーゴスラヴィアの若者たちも自ら演奏を始めた。耳に聞こえてくる音楽の純粋な模倣から始まり、やがてインストゥルメンタル曲や自らの言語でのカバー曲が演奏され、レコードも発売された。ロック音楽は、当時西欧諸国で主流であったロック以外の大衆音楽と渾然一体になりながら、ユーゴスラヴィアに伝来した。この時期においては、西側のロック音楽の模倣が中心で、それに近づくことが目標であった。当時、ロック音楽を担ったのは、ベオグラードやザグレブなどの大都市の若者たちであり、主たる演奏の場は、定期的に開催されていた、若者たちの集まるダンスパーティーであった。ただし、この時期、ユーゴスラヴィアは未だに圧倒的に農村社会であり、ロック音楽は、都市の若者層の一部に限定された、文化的には周辺的なものにとどまっていた。

ユーゴスラヴィアへのロック音楽の伝来がスムーズに進んだことの背景には、当時の政治状況の影響もあった。一九四八年のソ連圏からの追放後、ユーゴスラヴィアは西側諸国との関係改善を図り、のちに「自主管理社会主義」として定式化される独自の社会主義路線を模索していた。西側との関係改善は、西側文化としてのロック音楽の受容にも、良好に作用した。また、ロック音楽の反体制的側面を危険視したソ連圏の社会主義国とは異なり、当時の共産党指導部はさほど強権的な態度をとらなかった。実権を握っていたティトーとカルデリは、ロック音楽に反体制的な側面があることは認識していたが、むしろそれを自由に発展させることが、ロック音楽の反体制性を弱めることにつながると考えていた(Ramet 2003: 181)。また多民族国家であるユーゴスラヴィアでは、西側文化以上に危険視されていたのは個々の民族のナショナリズムであり、大衆音楽に即して言えば、民族主義的歌謡の危険性の方が、ロック音楽より遥かに大きなものと認識されていた。

一九六〇年代以降、ユーゴスラヴィアのロック音楽は新たな発展を始めた。都市部では数々のロックバンドが生まれ、オリジナル曲が多数作られるようになった。サラエヴォを拠点としたインデクシ、ザグレブのグループ220、ベオグラードのコルニ・グループなどが、一九六〇年代から一九七〇年代初頭にかけて人気を博した。彼らは、同時代の西側ロック音楽の影響を受けながらも、独自性を模索し始めた。依然としてロック音楽は都市部の若者のものではあったが、その裾野は徐々に広がり始めた。

こうしたロック音楽の発展の背景として、音楽流通の仕組みが整備された点も重要であった。自主管理社会主義のもと、市場メカニズムを採り入れたユーゴスラヴィアでは、複数のレコード会社間の競争により、新たなバンドや歌手が発掘され、音楽産業の発展が促された。[2] また、各地で歌謡祭やロック・フェスティバルが組織されるようになり、新人の発掘や流行の形成に大きな役割を果たした。さらに、ラジオやテレビといった放送メディアが整備されると、ロック音楽の流行に大きな役割を果たした(Škarica 2005: 49-51)。若者向けの活字メディアもロック音楽を取り上げるようになり、また、音楽雑誌も複数創刊された。[3] こうしたメディアを通して、西側のロック音楽から影響を伝える回路もより太くなり、またより同時代的に紹介されるようになった。さらに、欧米のレコード会社からライセンスを得て、西側のロック音楽のレコードが国内盤として比較的安価に流通してもいた(Škarica 2005: 52-54)。こうしたロック音楽発展の道筋はソ連圏の東欧諸国とはかなり異なっており、むしろ日本を含む西側諸国における発展のあり方との類似点が目立つものとなっている。

二 「ユーゴスラヴィア文化」の担い手としてのロック音楽

ユーゴスラヴィアのロック音楽は、一九七〇年代半ば以降、新たな局面を迎えることとなる。この時期は、一九七四年憲法の制定により独自の社会主義体制が確立し、一応の政治的安定を見せていた。さらにロック音楽の発展にとって重要であったのは、近代化や都市化の進展の中、ロック音楽の裾野がそれ以前とは比較にならない規模で拡大し、ロック音楽が若者文化の主流の地位を占めるに至った点である。こうした発展は、市場メカニズムの中の各レコード会社の競争、各種メディアのさらなる発展、西側ロック音楽の同時代的伝来が可能であった点によっても後押しされていた。とりわけ、一九八〇年前後には、西側ロックの新しい潮流(ニュー・ウェーヴ)が、ユーゴスラヴィアにも伝来した。そして、一九七〇年代半ばから一九九〇年前後まで、ユーゴスラヴィアのロック音楽は、いわば黄金時代を迎えたのである。さまざまな潮流の混在したニュー・ウェーヴの中で、ユーゴスラヴィアでとりわけ影響力を持ったのは、パンク・ロックであった。パンクは、まず、スロヴェニアで流行し、その後クロアチアを経てユーゴスラヴィア各地に広がった(Ramet 2003: 179-180)。

この「黄金期」のロック音楽を象徴するのが、最大の人気と影響力を持ったビエロ・ドゥグメである。このバンドの生まれたサラエヴォは、多民族国家ユーゴスラヴィアの縮図ともいうべきボスニアの中心都市であり、バンドのメンバーの構成も多民族的であった(4)。前身のバンドから一九七四年にビエロ・ドゥグメと改称して以降、彼らは瞬く間に人気の頂点に躍り出た。ビエロ・ドゥグメの音楽は、時代に応じて流行を貪欲に取り入れたものであり、初期にはハードロック色が強く、やがてニュー・ウェーヴに接近し、一九八〇年代半ばからは、民謡や民族楽器を用いたエスニック色の強い曲を制作した。テキストにおいても、一九八〇年代以降には、当時のユーゴスラヴィアの直面していた問題を取り上げるなど、新しい試みを厭わなかった。彼らの流行の背景には、彼ら自身の多民族性に加えて、西側の模倣の域から脱し切れていなかったロック音楽を、サウンド面においてもテキスト面においてもユーゴスラヴィア化するのに成功した点にもあった(Ramet 2003: 179)。そして、ビエロ・ドゥグメの流行と軌を一にして、ロック音楽は農村にも広がった。その音楽は「羊飼いのロック」と揶揄されもしたが、それは、ユーゴスラヴィアのロックが都市文化を脱して農村に広がり、より大きな社会的影響力を得たことを示す言葉でもある。

ソ連圏の社会主義国において、ロック音楽が常に体制との緊張関係や対立の中にあったのとは対照的に、ユーゴスラヴィアにおいてはそうした対立はほとんど見られなかった。体制側からのロック音楽への抑圧が見られなかったのみならず、ロック音楽の側が社会主義イデオロギーを自発的に積極的に広める役割を担ってもいた(Ramet 2002: 131-132)。コルニ・グルーパは、第二次世界大戦中のパルティザン闘争の英雄を歌った「イヴォ・ローラ」(一九七三年)を発表している。ジョルジェ・バラシェヴィチの率いるラニ・ムラズは、一九七八年の「僕らを頼りにしてほしい」で、ロックを聴く若い世代が、これから社会主義体制を担ってゆくので心配しないでほしいと歌い、この曲は当時の若者に愛唱された。体制に親和的な態度は、当時の体制と人々との比較的良好な関係の反映でもあった。また、社会主義体制のイデオロギーのすべてを積極的に主導するのではなくとも、多民族国家における民族融和を唱える「友愛と統一」理念は、ほとんどのミュージシャンが受け入れていた。ビエロ・ドゥグメも、体制によって組織された労働奉仕活動に参加している。また、建国以降、一貫して指導者の地位にあったティトーの死(一九八〇年五月四日)は、「社会主義愛国的」な楽曲が多数作られる契機となった。当時人気のあったポップス歌手ズドラヴコ・チョーリッチは、当時のスローガンを流用して「ティトー同志、われわれはあなたに忠誠を誓う」と歌った。ラニ・ムラズの「僕は三度ティトーを見た」(一九八一年)は、幼い頃に父に連れられて雑踏の中で見たティトー(一度目)、プロ歌手になった後、自らのコンサートにやってきたティトー(二度目)、ティトーの死の翌日、ユーゴスラヴィア各地の工場、農地、平和に暮らす人々の姿の中に見たティトー(三度目)を歌っている。ティトーとその体制への信頼感が過剰なまでに表現されている。むしろティトー死後の先行きと体制の動揺への社会の中で共有されていた不安が、こうしたユーゴスラヴィアやティトーを讃える曲が多数作られた背景にあった。

ユーゴスラヴィアにおいては、ロック音楽は抑圧の対象ではなかったが、無制限に許容されていたわけでもない。制限は、政治問題化を恐れるレコード会社内部の自己検閲であり、テキストの変更、アルバムタイトルの変更、レコード会社の移籍などにより回避することができた。体制批判的な楽曲も、あからさまな社会主義体制やティトー個人への攻撃でない限りは許容されていた。むしろ危険視されたのは、一九七一年の「クロアチアの春」への関与を疑われ、活動を禁じられたポップス歌手ヴイツェ・ヴコヴの例のように、ナショナリズムの主張であった。スロヴェニアの歌手エサド・ババチッチ・ツァルの「プロレタリアート」(一九八一年)は、直接の体制批判が問題となり禁止されたが、より迂遠な形で批判精神が発揮される例は多く見られた。ベオグラードのロックバンド、リブリャ・チョルバの「愚かでいるのは何と素晴らしいことだろう」(一九八二年)は、軍隊生活の非人間性を皮肉り、マフィアのメンバーにはなりたくないと歌う「マフィアのメンバー」(一九八七年)において、マフィアは共産主義者同盟を暗喩している(Ramet 2003: 182–183)。ザグレブのバンド、アズラの「青服の同志、頭はやめてくれ」(一九八一年)で対象にしたのは、警官の暴力であった。

「黄金期」のユーゴスラヴィア・ロックに歌われる世界は、それまで以上に幅広いものとなった。体制への批判的な視線に加え、社会の中のタブーに挑戦するような楽曲も現れた。プルリャヴォ・カザリシュテの「ある青年たち」(一九七九年)は、パンクのリズムに乗せて、「俺は男同士の恋愛に賛成だ」と歌っている。伝統的に家父長制社会であるユーゴスラヴィアでは、同性愛も社会的タブーであったが、ロック音楽がそれに挑んだのである。さらには、歌の世界は空間的にも広がりを見せた。一九八五年の世界規模のチャリティ・イベント「ライブ・エイド」には、「百万年」と題されたチャリティ・ソングでユーゴスラヴィアのミュージシャンも参加を果たしている。また、一九八〇年代末になると、主要レコード会社に加え、「もっとも大きな音を聴け」などの独立系の小規模レーベルが生まれ、新たなロックバンドを世に出すようになった。

ユーゴスラヴィアにおけるロック音楽の発展は、一九八〇年代半ばになると、特筆すべき展開を見せるようになる。ロック音楽は、すでに若い世代の文化の主流の地位を獲得していたが、さらに、個別の民族文化を超越した「ユーゴスラヴィア文化」の中心分野ともなった。ロック音楽という回路を通して、イデオロギーを超えた「文化」として「ユーゴスラヴィア」が位置付けられたとも言えよう。その背景には、ティトー死後に広がった経済危機や、徐々に広がるナショナリズムとそれによる体制の動揺といった点もあった。体制への信頼感が徐々に崩れてゆく中、「官制文化」としてではなく、むしろ批判精神を内包しながら、草の根からの文化として広がった点は重要であろう。「ユーゴスラヴィア文化」としてのロック音楽を中心となって担ったのは、ビエロ・ドゥグメなどボスニアのサラエヴォに拠点をおいたバンドであり、ユーゴスラヴィア・パトリオティズムとユーゴスラヴィアの原点としてのパルティザンの引用が目立っている。これは、各民族のナショナリズムと、現状に対処できない社会主義体制の双方に批判的な視線を投げかけるものでもあった。

すでに人気バンドとしての地位を確立していたビエロ・ドゥグメは、一九八〇年代に入ると、さまざまな政治的議論を呼ぶ楽曲を作り始めた。一九八三年のアルバムには、アルバニア語で歌われた「コソヴォの歌」という曲が収録されているが、セルビア・クロアチア語を母語とするバンドが、少数言語であり政治的にも緊張関係にあったアルバニア人の言語で楽曲を作っているのは、これが唯一の事例である。(5) さらに当時は、一九八一年のコソヴォ暴動と戒厳令からまだ時を経ておらず、アルバニア語の曲を歌うことは、否応なく政治的意味を付与された(Vesić 2014：214)。一九八四年のアルバムでは、冒頭に当時のユーゴスラヴィア国歌をアレンジして収録し、一九八八年の最後のスタジオ・アルバムには、クロアチアとセルビアの愛国歌をつなぎ合わせ、あたかもひとつの曲にした作品が収録されている。一九八六年のアルバム「唾を吐き歌え、わがユーゴスラヴィアよ」は、アルバムタイトルからユーゴスラヴィア・パトリオティズムを前面に出している。アルバム冒頭では、パルティザン戦争期の革命歌を、失脚した著名なパルティザン活動家であるスヴェトザル・ヴクマノヴィチ・テンポが子供達と歌っている。本来の制作意図は、共産党内の異論派、セルビア・ナショナリズム、クロアチア・ナショナリズムという、ユーゴスラヴィアにおける三つのタブーに挑むことにあり、セルビア・ナショナリズムはナショナリストの画家の絵をアルバムジャケットに採用することで、クロアチア・ナショナリズムはアルバムの一曲のボーカルを、ナショナリストとして活動を実質的に禁じられていたヴィッツェ・ヴコヴに歌わせることが企図されていたという(Vesić 2014: 267–269)。結果的には、タブーとしてのナショナリズムを取り入れることはできず、共産党内異論派の要素だけがアルバムに残った。アルバムと同名の「唾を吐き歌え、わがユーゴスラヴィアよ」では、ユーゴスラヴィアへの愛憎がエモーショナルな言葉を用いて歌われている。

また、同じくサラエヴォ出身のバンドであるメルリンは、一九八六年に「ユーゴ全体がひとつの中庭」と歌い、プラヴィ・オルケスタルは同年発表のアルバムを、パルティザン戦争期のスローガンを採って「ファシズムに死を」と名付けている。彼らは、パルティザン戦争のモチーフを用いたこともあり、後にニュー・パルティザンと総称されることとなるが、それは体制のイデオロギーやプロパガンダとは一線を画しており、むしろ自発的に「ユーゴスラヴィア」という語や、そこから喚起されるイメージに感情的に訴えていた。

これらニュー・パルティザンの動きと相互に影響しながら、同時期にサラエヴォで展開したのが、ニュー・プリミティヴと自称した潮流である。中心となったのは、初期にパンク・バンドとして出発したザブラニェノ・プーシェニェであり、エルヴィス・J・クルトヴィチと流星群、ボンバイ・シュタンパといったグループがその担い手であった。彼らの楽曲の特徴のひとつは、ニュー・パルティザンとも共通する、パルティザンの価値観への言及である。ザブラニェノ・プーシェニェの「共和国の日」(一九八七年)では、社会主義ユーゴスラヴィアの建国の記念日の様子を歌い、かつて人々を動かした理念と現状とのギャップを活写している。

そしてニュー・プリミティヴのもうひとつの特徴が、ローカルなスラングを多用しながらの、ボスニアのローカルな要素の強調であった。ザブラニェノ・プーシェニェは、「アナーキー・オール・オーバー・バシュチャルシヤ」(一九八四年)(バシュチャルシヤは、古い手工業の店舗の並ぶサラエヴォ中心部の旧市街)と歌い、ボンバイ・シュタンパは、「アリパシノ・ポーリェでジョギング」(一九八四年)(アリパシノ・ポーリェはサラエヴォの新市街の地区名)と歌い、エルヴィス・J・クルトヴィチと流星群は、エチオピア皇帝のパレードをティトーのそれと重ね合わせて「ハイレ・セラシエ」(一九八八年)を歌った。さらに、ザブラニェノ・プーシェニェは、「ハセの引退した日曜」(一九八五年)で、ローカルサッカークラブのスター選手の引退試合を歌っているが、その様子は曲の最後に「ユーゴスラヴィア!」の大合唱に変わる。多民族の共存する「ユーゴスラヴィアの縮図」たるボスニアにおけるローカルな日常は、同時にユーゴスラヴィア的価値につながりうるものであることが象徴的に示されている。

ニュー・プリミティヴの活動は、音楽の枠を超えて広がった。一九八四年、八九年、九一年には、「シュールレアリストのランキング」と題されたテレビのコント番組が制作されたが、その内容は、音楽同様、ローカルでプリミティヴな笑いの中に批判精神を込めたもので、人気を博した。

三　ユーゴスラヴィア紛争とロック音楽

一九八九年の東欧諸国の体制転換は、独自の社会主義路線を採っていたユーゴスラヴィアにも大きな影響を与えた。すでに一九八〇年代後半から、ナショナリズムが徐々に社会に広がり始めていたが、九〇年の連邦レベルの共産党の実質的解体と各共和国の自由選挙における民族主義を掲げる政党の勝利は、自主管理社会主義からナショナリズムへの社会の価値観の転換を決定づけた。スロヴェニア、クロアチアは、独立を追求し、一九九一年には、両共和国の独立宣言を端緒に、ユーゴスラヴィア紛争が勃発した。クロアチア紛争と、翌九二年に始まったボスニア紛争は、四年ほどの間に合わせて一〇万人以上の犠牲者を出す泥沼の紛争となった。

こうした状況は、ロック音楽にも否応なく影響を与えた。すでに一九八〇年代末、ビエロ・ドゥグメのコンサートでは、ユーゴスラヴィア的な曲の演奏に対してブーイングがなされていたという(Vesic 2014: 291–292)。この後、ビエロ・ドゥグメは八九年にコンサートツアーを中断し、実質的に解散することとなる。ナショナリズムの高まりと紛争の勃発は、ナショナリズムに傾倒するミュージシャンの増加ももたらした。クロアチアのパンク・バンドであるプシホモード・ポップは、「クロアチアは勝利せねばならない」(一九九一年)と歌い、八〇年代から活躍したセルビアのロック歌手オリヴェル・マンディチは、前線に慰問に訪れた(Ramet 2002: 187)。また、クロアチアでは、ナショナリストとしてパージされていたポップス歌手ヴィツェ・ヴコヴが、英雄的にカムバックを果たした。クロアチア紛争中にデビューし、民族主義的内容の曲を歌い一躍知られるようになったトンプソンは、この時期のナショナリズムとロックの結びつきを顕著に示している。トンプソンのコンサートでは、第二次世界大戦中のクロアチアのファシスト勢力ウスタシャ式の挨拶「祖国のため、備えあり」が演出として取り入れられている。トンプソンは、紛争後においても、民族主義政党の選挙キャンペーンに助力するなど、クロアチアにおいて一定の存在感を保っている。

その一方で、ナショナリズムとは距離を置き、紛争に反対する人々の側に立つミュージシャンも少なくなかった。一九九一年には、ユーゴスラヴィアの各地で、平和を求めるコンサートが開催されている。とりわけ大規模に行われたのは、数万人を集め一九九一年七月にサラエヴォで開催された「平和のためのコンサート」であり、一九八〇年代にユーゴスラヴィア・パトリオティズムを担ったミュージシャンも数多く参加していた。また、一九九二年三月には、ベオグラードを拠点とする人気バンドのメンバーがグループを超えて結集した「リムトゥティトゥキ」という名のプロジェクトが展開され、反戦を訴えた。確かに紛争に反対し、平和を求める人々の結集軸としてロック音楽は意味を持っていたが、実際の武力の前に、紛争を押しとどめることはできなかった。

一九九〇年代の紛争期は、ロック音楽にとっては確かに「冬の時代」であった。戦闘に巻き込まれた人々にとっては音楽どころではなく、そうでなくとも生活水準の劇的な低下は音楽市場を縮小させ、大衆音楽の商業的基盤を破壊するものとなった。しかしそうした社会状況を反映したがゆえに、ロック音楽が平時とは異なるアクチュアリティを獲得した側面もみられる。ザグレブのバンドであるフィルムの「ベオグラードのわが友よ」(一九九二年)は、かつて共に時を過ごしたセルビア人の友人と戦場で相見え、お互いに銃を撃ち合うさまを歌っている。この曲は、大きな反響を呼んだが、それは、かつて同じ社会に暮らした人々との別離という曲のモチーフが、多くの人々の実体験と共鳴して共感を呼んだためだろう。紛争により多くのバンドが活動停止や解散を余儀なくされ、また、戦争の犠牲になったミュージシャンも見られた。ザブラニェノ・プーシェニェは、サラエヴォに残ったメンバーとベオグラードに逃れたメンバーとにグループが分裂した。この時期、紛争を契機とする経済状況の極端な悪化と生活水準の低下により、国外への移民も増加した。セルビアのロック歌手バヤガの「わが仲間たち」(一九九四年)、クロアチアのバンド、レテチ・オドレドの「俺はルジツァを夢みた」(一九九七年)といったヒット曲は、いずれも国を後にせざるを得ない悲哀を歌っている。

紛争中、包囲下に置かれたボスニアのサラエヴォでは、生命の危険さえある中「包囲下のロック」と題されたロック・コンサートが開催されていた。ロック音楽こそが、戦時下において人々に理性をもたらしうるものであった。サラエヴォ包囲は国際的にも反響を呼んだが、一九九五年にはロックバンドのU2が中心となり、オペラ歌手のルチアーノ・パヴァロッティの協力を得て、「ミス・サラエヴォ」という曲が作られている。U2は、紛争直後の一九九七年に、サラエヴォでコンサートを行なっている。サラエヴォの人々は、こうしてロック音楽を通した新たな世界との結びつきを得た。

またセルビアでは一九九〇年前後から、トゥルボ・フォルクと呼ばれる、ダンス音楽と融合した民謡が流行し、ミロシェヴィチ政権側のトゥルボ・フォルクと反政権側のロック音楽という、大衆音楽の二分状況がみられていた(Gordy 1999: 140–151)。人気バンド、リブリヤ・チョルバのリーダー、ボラ・ジョルジェヴィチは「地下室のドブネズミ」(一九九七年)で、ミロシェヴィチをドブネズミに喩えて揶揄し、一九九六年の大規模な反政府デモの際にも、ロック音楽は反政権のシンボルであった。この時期のセルビアでは、ロック音楽が本来内包していた、反体制につながる対抗文化の側面が色濃く現れていた。

四　紛争後のロック音楽

クロアチアとボスニアの紛争は一九九五年の和平合意により終焉を迎え、その後本格化したコソヴォ紛争は、一九九九年のNATO空爆と国連暫定統治の導入により一応収まった。二〇〇〇年には、セルビアでミロシェヴィチ政権が崩壊し、クロアチアでも右派政党からの政権交代が起こった。継承諸国のいずれにおいても、紛争により分断された社会の再建、経済状況の改善、継承諸国間の和解が主要な政治課題となり、EU統合の推進がそうした課題を解決する処方箋として理解されるようになった。

そうした中、二〇〇〇年前後から、ユーゴノスタルジーと呼ばれる現象が継承諸国のいずれにおいても観察されている。このユーゴノスタルジーは非政治的現象であり、むしろ政治的なユーゴスラヴィアの復活がもはやあり得ないことがひとつの前提となっている。ユーゴノスタルジーの現れは、ユーゴスラヴィアの社会主義体制を象徴するティトーの生家や墓所を訪れる人々の増加といった形を取っているほか、大衆音楽、娯楽映画、テレビドラマなどの社会主義時代の大衆文化の人気の高まりも、ユーゴノスタルジーを背景としている。ユーゴノスタルジーは、地域や世代に応じてさまざまな位相を持っている。紛争と体制転換に起因する社会格差の拡大の中、弱者の立場に置かれた人々にとっては、社会主義時代は、一定の生活水準の保証された社会として映った。また、ユーゴスラヴィア時代の経験を持たない若い世代においても、現状への不満が、社会主義時代への親近感として表現されている。
ロック音楽を中心とする大衆音楽は、ユーゴノスタルジーの中心的要素のひとつとなっている。ノスタルジーの中心的対象となるのは、一九七〇年代後半と一九八〇年代の「黄金期」の楽曲であり、二〇〇〇年代以降も盛んに聴かれ、あるいはカバーされている。さらに新たに、ユーゴノスタルジーの要素を持つ曲も作られている。ザブラニェノ・プーシェニェのサラエヴォに残ったグループの発表した「ユーゴ４５」(一九九九年)は、そうした曲の典型である。

世界の奇跡と言われるアフリカのピラミッド／世界の奇跡と言われるインドの大河
でもどんな奇跡もこれにはかなわない／親父が中庭にユーゴ４５を停めた時の奇跡には
近所の皆と親戚の半分が集まってきた／集まらなかった半分は悔しくて来られなかった
お袋がつまみを作り甘い菓子を焼いた／親父は買い物にスーパーに行った
それは良い時代だった／すべてクレジットで、すべて皆のため、友のため
車にスープをこぼした／そしてトリエステにジーンズを買いに行った
それは良い時代だった／ハイキングに、たまには海にも行った
家の中は笑顔で満たされ／中庭にはユーゴ４５が停まっていた
近所のフラニョも乗っていった／リンゴを売るために
近所のモモも乗っていった／奥さんのお産のために
叔父のミルソもそれに乗っていった／売春宿に行くときに

俺も少しその車に乗った／鍵を失敬できた時には
ある夜、俺がこっそり聞き耳を立てると／中庭から声が聞こえてきた
モモ、フラニョ、叔父のミルソ／何か静かに話をして、それから手を握り合った
「近所の人間にはそんなことはできない」／そして一杯ずつ酒をあおった
その晩、本当に小さく見えた／俺たちのユーゴ４５は
ある朝俺たちは逃げ出した／ナイロン袋を二つだけ持って
最初は少しレーニン通りを／それからリュブリャナ通りを通って
今では俺たちはとても快適だ／新しい町と新しいアパート
親父は大物になった／州の大臣だ
でも俺の頭の中にはいつも同じ光景、同じ一瞬がある／古い家と小さな中庭
そしてそこにはユーゴ４５(Janjatović 2008: 253-254)

この歌が取り上げるのは、紛争前と紛争後のボスニアの暮らしである。ユーゴ４５は、社会主義時代のユーゴスラヴィアの国産コンパクトカーの車種名で、決して性能の良い車ではなかったが、社会主義時代のある種のアイコンとして機能している。テキスト中のモモはセルビア人の、フラニョはクロアチア人の、ミルソはボスニア・ムスリムの典型的なファーストネームであり、紛争前の三民族が平和的に共存していた日常こそが、ピラミッド以上の世界的奇跡だと歌っている(Baković 2008: 10-11)。それは、この平和的共存が一九九〇年代の紛争により破壊されてしまったがゆえであり、こう

した理想化された形での民族共存の過去の賛美が、ユーゴノスタルジーの本質の一端をなしていると言えるだろう。

ユーゴノスタルジーは、さまざまな形で大衆音楽に現れている。二〇〇〇年代以降、この地域にもヒップホップが流行し、大衆音楽による社会批判の担い手のひとつとして機能しているが、そうした批判意識の背景にも、ナショナリズムへの批判的視線とユーゴノスタルジーがかいまみえる。クロアチアのヒップホップ・グループTBFの「ノスタルジーの歌」(二〇〇四年)には、「俺は善悪の違いを、フラタル〔カトリックの修道士〕からも、ホジャ〔イスラームの聖職者〕からも、ポップ〔正教会の聖職者〕からも学ばなかった」との一節があらわれる。

ユーゴノスタルジーをひとつの核として、国家解体後の継承諸国の社会において、大衆音楽の市場は、いまだに一体のものとして機能している。ユーゴノスタルジーは、社会に広がるとともに商業的な基盤も獲得し、例えば二〇〇五年にサラエヴォ、ザグレブ、ベオグラードの三都市で開催されたビエロ・ドゥグメの再結成コンサートには、多数の観客が詰めかけた。音楽のグローバル化やインターネットの普及に伴う音楽メディアの変化の中にあっても、多くの場合、音楽ソフトの流通、コンサートの組織などにおいては、「旧ユーゴスラヴィア」がひとつの単位となっており、ミュージシャンの民族帰属や出身国が問題とされることはほとんどない。ユーゴスラヴィアの解体プロセスにおいて、われわれと他者を分かつアイデンティティの境界は、急速に「民族」に収束したが、大衆音楽においては、いまだにより大きなユーゴスラヴィアという単位が意味を持っているように思われる。個々の継承諸国ではなく「旧ユーゴスラヴィア」というより大きな市場が商業的魅力を持っていることは、その要因のひとつであり、ユーゴスラヴィア解体後に生まれた多くのバンドが国境を超えて活躍している姿からは、解体後二〇年以上が経過してもなお、ユーゴスラヴィア・ロックが再生産されているのをみてとることができる。一九八〇年代に人気バンドEKVを率いたミラン・ムラデノヴィチは、一九九四年に若くして悲劇的な死を迎えたが、その名は現在、セルビアの首都ベオグラード、モンテネグロの首都ポドゴリツァ、クロアチアの首都ザグレブの通りの名となっている。ムラデノヴィチ自身は民族的にはセルビア人だが、クロアチアでその名が通りの名となるのは、極めて例外的である。(6)

おわりに

ユーゴスラヴィアにおけるロック音楽は、それぞれの時代の政治状況、社会状況の変化を強く反映して展開してきた。自主管理社会主義体制の発展とパラレルに展開したユーゴスラヴィアにおけるロック音楽は、一九七〇年代半ば以降、若者文化の主流を占めるものとなり、一九八〇年代には個々の民族文化を超えた「ユーゴスラヴィア文化」の担い手となった。クロアチアのジャーナリストであるアンテ・ペルコヴィチは、ユーゴスラヴィアにおける大衆音楽世界を、六共和国よりなる連邦国家ユーゴスラヴィアの、領域を持たない「第七の共和国」と呼び、作品の質だけが価値を持つ、非政治的、非民族的な一種の理想世界として位置付けている(Perković 2011: 40)。そして、そうした世界が生まれていたがゆえに、国家解体と紛争の後にユーゴノスタルジーが社会に広がった際には、ロック音楽はその主要な構成要素となった。社会主義期に「文化空間としてのユーゴスラヴィア」を成立させる原動力となったロック音楽は、紛争後においても、ユーゴノスタルジーの回路を通して、この文化空間を存続させ続けるものとなっている。ロック音楽は、ユーゴスラヴィアにおける民族を超えた共同性を生み出し、共有される文化として象徴的な意味を持ち続けているのである。このことは、国家解体と紛争から四半世紀以上を経過してもなお、その傷跡からの脱却に苦しむこの地域の人々にとっても、意味のあることだろう。

グローバルな文化現象としてのロック音楽は、個々の社会において固有のローカルな意味も与えられながら展開してきた。それは政治的編成とはまた異なる形で認識されるものである。また、アイデンティティの境界もさまざまに引かれうるものであり、必ずしもナショナルなものに収束するものではない。本章で考察したユーゴスラヴィアの事例も、それを示すものとなっている。

注

(1) 本章で取り上げる「ロック音楽」は、広義にはポップスとされる音楽を包摂するものである。これは、ユーゴスラヴィアにおいて、ロックとポップスが必ずしも区別されなかった点、いずれも一九六〇年前後の欧米のロック音楽の強い影響下に発展してきたことによっている。

(2) 社会主義期の主要なレコード会社としては、ザグレブのユーゴトン社と、ベオグラードのPGPRTB(ベオグラード放送局音楽レコード制作部門)があり、サラエヴォのディスコトン社、リュブリャナのZKP-RTL(リュブリャナ放送局カセット・レコード出版部門)などがそれに続いた。これらレコード会社は、各共和国の中心都市にあったが、ミュージシャンとレコード会社の契約は、商業的な競争の中で行われ、地域的な要素はあまりなかった。条件面の問題からのレコード会社の移籍もみられた。

（3） ザグレブ発行の『ジュークボックス』、ベオグラード発行の『ＩＴＤ』、ノヴィ・サドの『リズム』などが主要な音楽雑誌であった（Ramet 2003: 179）。

（4） その後映画音楽の世界でも活躍するバンドのリーダーであるゴラン・ブレゴヴィチは、父がクロアチア人で母がセルビア人。初代ボーカルのジェリコ・ベベクはクロアチア人、二代目ボーカルのムラデン・ヴォイチッチ・ティファは父がセルビア人で母がクロアチア人、三代目ボーカルのアレン・イスラモヴィチはボスニア・ムスリムであった。

（5） 多民族国家ユーゴスラヴィアにおいては、単一の国家公用語は存在せず、南スラヴ系の諸言語が制度上は平等な公用語として位置付けられていた。しかし実態としては、当時単一言語として扱われていたセルビア・クロアチア語が、人口の約七割の母語であり、実質的には共通語の役割を果たしていた。言語の異なるスロヴェニアやマケドニアのバンドが、セルビア・クロアチア語で楽曲を作ることも多かったが、逆にセルビア・クロアチア語を母語とするバンドが少数言語で歌うことはまずなかった。

（6） ユーゴスラヴィア解体後に、複数の共和国の主要都市で通りの名を与えられた人物としては、ムラデノヴィチの他、ボスニア紛争中に知人のボスニア・ムスリムをセルビア人兵士の暴力から救い、その結果命を落としたセルビア人のスルジャン・アレクシッチがいるが、この両例にほぼ限られる。

参考文献

山崎信一（二〇一二）「イデオロギーからノスタルジーへ――ユーゴスラヴィアにおけるロック音楽と社会」柴宜弘・木村真・奥彩子編『東欧地域研究の現在』山川出版社

Baker, Catherine (2010) *Sounds of the Borderland: Popular Music, War and Nationalism in Croatia since 1991*, Ashgate.

Baković, Ivica (2008) "(Jugo)nostalgija kroz naočale popularne kulture," *Philological Studies/Filološke studije*, 6 (2).

Gordy, Eric D.（1999）*The Culture of Power in Serbia: Nationalism and the Destruction of Alternatives*, Pennsylvania State UP.

Janjatović, Petar（2008）*Pesme bratstva, detinjstva i potomstva: Antologija ex YU rok poezije（1967–2007）*, Vega media.

Mišina, Dalibor（2013）*Shake, Rattle and Roll: Yugoslav Rock Music and the Poetics of Social Critique*, Ashgate.

Perković, Ante（2011）*Sedma republika: Pop kultura u YU raspadu*, Novi Liber, Službeni glasnik.

Ramet, Sabrina P.（2002）*Balkan Babel: The Disintegration of Yugoslavia from the Death of Tito to the Fall of Milošević*, Westview.

Ramet, Sabrina P.（2003）"Shake, Rattle, and Self-Management: Rock Music and Politics in Socialist Yugoslavia, and After," in Sabrina P. Ramet and Gordana P. Crnković eds., *Kazaaam! Splat! Ploof!: The American Impact on European Popular Culture since 1945*, Rowman and Littlefield.

Ryback, Timothy W.（1990）*Rock Around the Bloc: A History of Rock Music in Eastern Europe and the Soviet Union*, Oxford UP.（水上はるこ訳『自由・平等・ロック』晶文社、一九九三年）

Škarica, Siniša（2005）*Kad je rock bio mlad: Priča s istočne strane（1956–1970）*, V. B. Z.

Vesić, Dušan（2014）*Bijelo dugme: Šta bi dao da si na mom mjestu*, Laguna.

Vučetić, Radina（2012）*Koka-kola socijalizam: Amerikanizacija jugoslovenske popularne kulture šezdesetih godina dvadesetog veka*, Službeni glasnik.

第5章　中東のラップをめぐる力学とアイデンティティ形成
——DAMの事例を中心に——

山本　薫

一　中東ラップの誕生とアラブの春

一九七〇年代のニューヨークで誕生したラップは、アフリカ系を中心とする米国エスニック・マイノリティのコミュニティー文化という当初の枠組みを大きく超え、現在では米国で最も多く聴かれている音楽ジャンルに成長した。さらに米国発のラップは世界各地で消費されるだけでなく、それぞれの地域の言語や社会状況、音楽文化などを取り込んだ、新たなラップの実践を促した。今やラップは欧米だけでなく、日本を含むアジアやアフリカなど、世界中に広まった音楽ジャンルであり、中東もその例外ではない。

西洋とは異質な社会というステレオタイプを持たれがちな中東であるが、グローバル化の影響は中東の社会や文化にも深く及んでいる。なかでもポピュラー音楽には西洋、特に米国のグローバルな資本とメディアの影響力が強く働くが、その影響を一方通行な均一化と捉える見方は一面的すぎる。

「ふつうグローバルと呼ばれるものは、体系的なやり方であらゆるものを均一化し、類似性を生みだすということではまったくなくて、本当のところ個別性を通じて機能する、つまり、個別の空間、個別のエスニシティと交渉し、個別のアイデンティティを動員することによって働く。したがって、ローカルなものとグローバルなものの間には、常に不断の弁証法的論理が存在する」（ホール一九九九：九五）とスチュアート・ホールが述べているように、グローバルに流通するポピュラー音楽がローカルな場でどのように受容され、再生産されているのかという交渉の過程にこそ、着目すべきであろう。

こうしたグローバルとローカルの交渉や相互作用を考察する対象として、ポピュラー音楽の中でも特にラップへの関心は高く、中東研究においては二〇〇〇年代の半ば頃から、ラップを取り上げた論文が目につくようになった。米国発のラップが中東に広まり始めたのは一九九〇年代以降であり、九〇年代末から二〇〇〇年代初頭にかけて、アラビア語やペルシア語といった地元の言語を用いたラップが試みられるようになった(1)。それは新自由主義政策が中東の多くの国々で採用され、衛星テレビやインターネットの普及といったメディア環境の革新が起きた時代であり、二〇〇〇年の第二次インティファーダ、二〇〇三年のイラク戦争など、大きな政治的出来事が相次いだ時期でもあった。中東の若者たちは米国発のラップの消費者になる一方で、貧富の格差や失業といった様々な社会問題に苦しんだり、国際政治や自国政府の現状に不満を抱いたりしながら生きる日常と、そこから湧きだす感情を、自分自身の言葉で表現する方法をラップに見出していったのである。

アフリカ系アメリカ文化の研究者であるトリーシャ・ローズは、商業化された米国ラップのヘゲモニーを指摘しながらも、「ラップが国際的に聴衆を引き付けるのは、アメリカ社会の周縁から発する声を力強く集結させ、そこでの状況を語るから」であり、「世界規模で出現したラップは、その言語的強度、音と歌詞がともに伝える抑圧の物語、そして創造による抵抗のすばらしさを例示している」と述べている(ローズ二〇〇九：四四)。抑圧的な状況下から発せられる創造的な抵抗の声、というこうしたイメージは、先進国以外の世界のラップ、特に中東のラップが語られる際には常につきまとう。

中東のラップが抑圧に対する抵抗の表現として注目されるようになった大きなきっかけは、二〇一一年のいわゆるアラブの春である。チュニジアから始まった民衆の抗議行動がエジプトやリビア、イエメンやシリアなど、アラブ世界全域に波及していくなかで、若者たちのイニシアチブに世界的な関心が集まった。SNSを駆使して幅広い世代や社会階層にデモや座り込みへの参加を呼びかけ、機知とユーモアにあふれたスローガンやシュプレヒコール、音楽や詩の朗読、ダンスなど様々なパフォーマンスによって祝祭的な空間を路上や広場に出現させ、医療や食料配布、清掃から散髪に至るまで、様々なボランティアを組織した人々の間には、多くの若者たちの姿があった(山本二〇一一)。

もちろんアラブの春は多くのアクターが複雑に絡み合い、各国の状況や歴史的背景によっても経過は様々であった。それでも、人口比率上は多数派であるにもかかわらず、社会のなかで周縁化されてきたという不満を抱える若年層が、その推進力となったことは間違いない。アラブの春はそうした若者たちの文化表現に光があたるきっかけともなった。ロックやラップ、グラフィティなど、アンダーグラウンドの若者文化が革命のアートとして一躍脚光を浴びたのである。

アラブの春の若者たちから生まれた最初のスターは、チュニジア人ラッパーのエル・ジェネラルだった。当時ほぼ無名だった彼は、二〇一〇年一一月にフェイスブック上で政権を痛烈に批判する「大統領」という曲を発表し、反響を呼んでいた。翌一二月、地方都市の若者が焼身自殺したのを機に、政権への抗議行動が全土に広まり始めると、エル・ジェネラルもそれに呼応して新曲を発表、これが当局の目にとまって一月に逮捕されてしまう。この時、釈放を求めるメッセージが「大統領」の曲と共にインターネット上で拡散されたことで国際的な批判が高まり、彼は三日後に釈放された。当時のベン・アリー政権はそのすぐ後に崩壊し、エル・ジェネラルの「大統領」はチュニジアの革命を代表する一曲として知れ渡るようになったのである(URL①)。

その後、抗議の波がエジプトその他のアラブ諸国にも広がるなかで、政権批判の新たなラップが次々とネットに上げられ、それに対する国内外のメディアの関心も高まっていった。当時、日本のメディアはアラブの春の文化的側面についてほとんど報じなかったが、エル・ジェネラルの事件と彼の曲は米国中の主要ニュースで取り上げられ、アラブの春が「ヒップホップ革命」と呼ばれることすらあった。パレスチナのラップの研究者であるマクドナルドは、「ヒップホップはアラブのポピュラー音楽と抗議運動に一〇年以上前から重要な貢献をしてきた」と認めつつも、より伝統的なスタイルの抵抗歌には目を向けず、ラップにばかり注目する米国メディアの姿勢には、中東の民主化運動を自分たちの理解やコントロールの下に置こうとする欲望を感じ取っている(McDonald 2019: 115, 105)。

ラップをする中東の若者たちの姿にアメリカ流の政治経済システムへの無批判な憧れを見てとろうとする心性の裏には、ラップを単なる米国文化の模倣とする考えが潜んでいるだろう。しかし、マクドナルドも指摘しているように、一九九〇年代以降、中東の若者たちの間に普及していったラップは、彼らの不満や抗議の声を伝えてきたのであり、その抗議の射程には米国の中東政策も含まれうる。ラップは中東でそれぞれの地域の言語や政治的、社会的状況を取り込みながら、ローカルな脈絡に置き換えられて実践されてきたのであり、単なる米国文化の模倣とみるのではなく、そのローカル化の過程や実践のあり方を詳細に検討することにこそ意義がある。

一方で、中東のラップが抗議や抵抗の音楽として過度に単純化されたり美化されたりして論じられる傾向にあることへの批判も研究者たちの間から出てきている。先に述べたアラブの春の影響もあり、中東のラップは反体制的と括られがちだが、権力との関係性はそれぞれの国の時代や社会状況によって違ってくる。また、ラップがすべて社会批判や政治批判を含んでいるとは限らないし、それが必ずしもリベラルな価値観に基づく保証はない。さらに、アンダーグラウンドで活動していることが多い中東のラッパーたちであっても、商業的な成功のために既存のシステムとどう渡り合い、同時にラッパーとしての信頼性を獲得するのか、といったさまざまな問題に直面する。重要なのは、そうしたグローバルとローカルというだけでなく、ローカルな場の内部でも生じる複雑な力学を詳細に分析することであり、逆にいえば、ラップはそうした力学を考察する格好の題材であるともいえるだろう。

たとえばチュニジアに続いて反体制デモが拡大し、当時のムバーラク大統領を辞任に追い込む一月二五日革命を経験したエジプトでは、抗議行動の最中に多くのラッパーたちが政権批判の作品を発表した。彼らの中にはそれ以前から政治的なラップをしていた者もいるが、ほとんどは革命の機運が高まるなかではじめて、恐れず声を上げることができるようになったのである。ラッパーたちはムバーラク打倒後も、軍主導の暫定政権や、革命後の選挙で成立したムルシー大統領とムスリム同胞団主体の政府に対する抗議の声を上げ続けた。こうした革命の余波が続いていた二〇一二年から一三年にかけての時期にエジプトのラップシーンを調査したワイスは、ラッパーたちの革命派というイメージを商品広告に利用する動きが一部の大企業に見られ、一方のラッパーたちの中にもそうしたイメージを利用してメインストリームに進出しようとする者がいたと指摘し、社会の多数派が国の政治状況に不満を抱えている状況下では、「「抗議」そのものが市場で売れる商品となる」と述べている（Weis 2016: 57）。

さらにワイスの研究で興味深いのは、ラッパーたちのなかには「革命の波に乗っかる」ことで「場における正統性を維持しようとする」者もいたと述べている点である（Weis 2016: 94）。ここでワイスが言いたいのは、ラッパーたちが本質的に革命的なわけではなく、一月二五日革命期のエジプトのラップシーンにおいては、革命的であることがラッパーとしてあるべき姿であるという言説が広まり、その言説空間の中で個々のラッパーとしてのアイデンティティが形作られていったということだ。

ワイスが調査を終えた直後にエジプトでは反ムルシー政権のデモが起こり、それに乗じて実権を握った軍出身のシーシー政権のもとで強権的な支配が復活したため、革命的であることが商品となり得るような状況は失われた。政治的な声をあげることが再び極めて危険になった今のエジプトでは、ラップをめぐる力学もまた大きく変わっているはずだ。

次に、同じアラブ諸国でもモロッコの事例は、ラップの政治性のまた違った側面を示していて興味深い。モロッコはアルジェリアと共に中東で最も早くラップが普及した国であり、商業的に成功し、メジャーなアラブ音楽市場で活躍するラッパーたちがいることでも知られている。そこにはラッパーたち自身の才能や努力とは別に、モロッコ独自のポピュラー音楽をめぐる力学が働いている。国王を中心とする権威主義体制であるモロッコでは、独立以来、王室が国内文化の主要なパトロンとなってきた。一九九九年に当時まだ三〇代だったムハンマド六世が即位すると、王室の後援を受けた大規模な音楽フェスティバルが多数、開催されるようになる。ラッパーたちはそうしたフェスティバルに出演する機会を与えられることで、若い音楽ファンやメディアのあいだでの認知を広げていった。

この経緯についてモロッコのラップの研究者であるアルメイダは、二〇〇三年にモロッコ最大の都市カサブランカで起きた二つの出来事のインパクトを指摘している（Almeida 2017: 21）。一つは二〇〇三年五月、地元の貧困地区出身の一二人の自爆犯が引き起こした同時テロであり、もう一つは同年二月にヘビーメタルのミュージシャンとファン一四人が悪魔崇拝の容疑で逮捕された事件である。アラブ諸国でヘビーメタルファンが悪魔崇拝者のレッテルを貼られたのは、一九九七年にエジプトの首都カイロで一〇〇人近い若者たちが逮捕されたのが最初といわれる（LeVine 2008: 62）。これは西洋の悪しき文化を取り締まるという、一般市民からもイスラーム主義勢力からも異論が出にくい名目で、潜在的な反抗分子として危険視される若年層をけん制する試みであった。ちなみにイランでも、ヘビーメタルファンが悪魔崇拝の容疑で逮捕される事件が幾度も報じられている。

モロッコで二〇〇三年に起きたテロとヘビーメタルファンの逮捕という、一見つながりのない二つの出来事は、権威主義体制を脅かす存在として、イスラーム過激主義の広まりと疎外感を抱える若年層への対策が急務であることを印象づける出来事だった。そうした状況下で、「拡大しつつある国家の財政支援を受けた音楽シーンは、〝モダン〟で、若く、宗教的に穏健でリベラルな国という新たに作り出されたモロッコのイメージを体現するによりふさわしい存在であると、ラッパーたちをみなした」とアルメイダは指摘する（Almeida 2017：21）。

そうしたラッパーのイメージに最も当てはまり、成功した例がフナーイルである。二〇〇一年マラケシュで結成されたフナーイルは、モロッコの伝統音楽の要素を取り込んだポップなサウンドが特徴的なヒップホップ・グループだが、アルメイダによれば彼らは国への愛や誇りをうたい、国家が主導する改革路線に沿った明るい未来像を描く「愛国ラップ」の先駆けである（Almeida 2017：60）。二〇〇三年のカサブランカのテロ事件を受けて、フナーイルが翌年に発表した「俺の国に触れるな」は、テロの背景にある深刻な格差や汚職といった負の側面には触れることなく、無垢で寛容な国民を脅かす邪悪なテロリストから国を守ろうという、政権の意向に沿ったメッセージをふんだんに含んでいる。この曲がきっかけとなってフナーイルは大規模音楽フェスに呼ばれるようになり、商業的な成功をつかんだ。またこれを機にモロッコでは、成功へのステップとして愛国ラップが他のラッパーたちによっても生み出されていくことになる。

もう一つ興味深いのが、ドン・ビッグというラッパーの事例である。二〇一一年にモロッコにもアラブの春が波及し、二月二〇日運動と呼ばれる政治改革を求めるデモが拡大した際、ドン・ビッグはデモ隊を痛烈に非難する「俺は望んでない」を発表している。その後もドン・ビッグは王室寄りの言動をとったことから、政権に取り込まれたラッパーの代表例とみなされるようになった。一方でモロッコのラッパーたちの間には、愛国ラップというトレンドを批判し、鋭い社会批評を展開するアーティストも多数存在するし、二月二〇日運動を支持する立場から政権批判の作品を発表し、逮捕・投獄されたラッパーたちもいる。また、男性中心の中東のラップシーンにあって、モロッコの女性ラッパーの草分けであるスルターナは、父権的な社会構造下で苦しむ女性の声を伝える作品を発表している。こうしたラッパーたちは十分な文化的支援を受けることが難しいなかで、インターネットの音楽配信などを利用し、自立した音楽活動を続ける方法を模索している。

これまでに挙げてきた例からも、中東のラップをとりまく複雑な力学の一端が見えてきたのではないだろうか。次節では、パレスチナのラップグループＤＡＭ（ダーム）を取り上げ、グローバル、ローカル、ナショナルなコンテクストが交錯する中で、ラッパーがどのように自己形成してきたのか、その過程を考察してみたい。

二　リッダのハーラ（街区）から声を上げる

日本のラップの研究者である木本は、文化のグローバル化とローカル化の過程を考察する対象として、ポピュラー音楽の中でも特にラップに着目する大きな理由のひとつに、「地域性に対する強いこだわりを持つ」という、世界各地のラップにある程度共通する特徴を挙げている（木本二〇〇九：六―七）。先行研究を踏まえながら木本が論じるところによれば、一九七〇年代にニューヨークのゲットーと呼ばれる貧困地区から始まったラップは、商業化が進んだことによってむしろ、ゲットーの路上で行われるラップこそが本物だ、という考えを生んだ。さらにラップの実践が拡大した一九八〇年代後期になると、ゲットーよりも抽象度が高い「フッド（なわばり）」を「レプリゼント（代表／表明）」するのが本物のラップだという言説が広まっていった（木本二〇〇九：二二―二三）。自分たちのコミュニティーの路上の現実を代弁することが、ラッパーの真正性や信頼性を保証するという同じ意識は、先に紹介したモロッコのラップにも共通する(Almeida 2017: 108-109)。

米国を本場と意識しつつ、日本らしさを目指して差異化を図っていく傾向は、日本のロックやポップスにもみられる。だが、地元コミュニティーを代表するという意識が強く打ち出されるラップの場合、グローバルなラップのあり方を再解釈しつつ、自分たち自身のラップをいかに創り出すのかという試行錯誤が、他のポピュラー音楽に比べてより顕在化すると木本は指摘する(木本二〇〇九：八)。ここで取り上げるDAMは、まさにそうした試行錯誤の過程を考察する格好の対象だといえる。

DAMは一九九九年頃、イスラエル中部のリッダ市(アラビア語ではアッ・リッド、ヘブライ語ではロッド)で、七九年生まれのターメル・ナッファールと弟のスヘイル・ナッファール、友人のマフムード・ジレイリーという、アラブ系男性三人で結成された。リッダは一九四七年の国連パレスチナ分割決議では将来のアラブ国家の領域に入れられていたが、四八年の第一次中東戦争の最中、ユダヤ軍に占領された。当時、リッダに居住していたアラブ人人口一万九〇〇〇人の大半が虐殺や追放によって失われたが、他の町からの避難民も含めた約一〇〇〇人が残留し、その後イスラエル国籍を与えられた(URL②)。DAMのメンバーはイスラエル建国時に様々な事情から難民になることを免れたこうした人々の第二世代にあたり、彼らのようなアラブ系は現在、イスラエル総人口の約二割、一八〇万人にも上る。

アラブ系イスラエル人は一九六六年まで軍政下におかれ、移動や居住の自由が厳しく制限された。軍政が撤廃された後も、様々な差別政策や格差に苦しめられてきた。ユダヤ人とは異なる扱いを受ける中でアラブ人という出自を常に意識せざるを得ない一方、イスラエル市民として生きることも、母語であるアラビア語に加えてユダヤ人の言語であるヘブライ語を用いることも、今や彼らのアイデンティティの一部である。さらに、国外に逃れた難民や、イスラエルの占領下に置かれたヨルダン川西岸地区とガザ地区の住民たちの苦境に共感し、自分たちも同じパレスチナ人であるという同胞意識を強く持つ者も少なくない。イスラエルという国家、アラブ人というエスニシティ、パレスチナ人というナショナル・アイデンティティ、さらにはイスラーム、キリスト教、ドルーズ派といった宗教的帰属のはざまで、イスラエルのアラブ系市民のアイデンティティは複雑に揺れ動く。

図 5-1　アラブ人地区における市当局の家屋取り壊し(筆者撮影)

リッダ市は約七万の人口のうち、アラブ系が三割を占める。だが、DAMのメンバーが生まれ育ったリッダのアラブ人地区の一部には電気や水道といった最低限の公共サービスすら行き届かず、麻薬売買などの犯罪や暴力事件が多発する荒廃した貧困地区となっている。さらに市当局はアラブ人地区での建築許可を抑制し、違法建築を取り締まるという名目で家屋の取り壊しも行っている。

DAMはこのリッダのアラブ人地区を自分たちのフッド(アラビア語では街区を意味するハーラ、歌詞の英訳などでは the hood と表記)と呼び、そこで生きる現実を表現するラップを発表してきた。さらに彼らのラップはヨルダン川西岸地区やガザ地区、難民キャンプのパレスチナ人たちの心もつかみ、アラビア語ラップの先駆者としてパレスチナ以外のアラブ諸国のラッパーたちにも一目おかれている。また、二〇〇〇年代中頃からは欧米ツアーを定期的に行い、音楽配信サイトを通じてアルバムを世界市場に流通させており、国際的なメディアや音楽業界でも知られる存在となった。まさにローカル（リッダ、さらにはイスラエル国内のアラブ人コミュニティー）、ナショナル（パレスチナ人、さらにはアラブ諸国）、グローバルを横断するＤＡＭの音楽活動はどのように形成されていったのか。

一〇代で米国のラップを聴き始めたターメルは、ニューヨークのハーレム地区出身の伝説的なラッパー、トゥパックを知ったことからすべてが始まったと語る。

彼が歌ったことはまさに俺たちが生きる現実だって気づいたんだ。リッダとラムラ（リッダに隣接するアラブ系住民が多い市）のゲットーみたいなところじゃ、周りはくそばかりだろ。俺たちはイスラエルの黒人なんだ。（*The Electronic Intifada*, 2005. 7. 5）

ターメルはトゥパックらのラップを通じて、自分たちのコミュニティーが抱える麻薬や暴力などの問題の根本にはマイノリティに対する構造的な差別があると気づき、米国の黒人が置かれている状況と、イスラエルのアラブ人が置かれている状況を重ね合わせるようになる。

ラップを通じて英語を学び、米国のラップを模倣するところからはじめたターメルは、イスラエル内のマイノリティとしての経験や感情を表現するために、ヘブライ語で詞を書きはじめる。イスラエルのユダヤ人の間では、アラブ諸国よりも少し早く、ヘブライ語によるラップが広まりだしており、ターメルは同世代のサブリミナルというユダヤ人ラッパーとの交友を通じて、イスラエルのラップシーンに活躍の場を求めていった。

二〇〇〇年春から二〇〇二年にかけてのターメルとサブリミナルの交友と決裂を捉えたドキュメンタリー映画『怒りのチャンネル（Channels of Rage）』（イスラエル、二〇〇三年）には、この時期のターメルがラップを通じてイスラエル社会の中に居場所を見出し、成功しようともがく様が捉えられている。パレスチナのラップを研究するマクドナルドはこの頃のターメルについて、アフリカ系アメリカ人のラップの様式に慣れ親しんだ観客に向けて、「有名なアフリカ系アメリカ人ラッパーたちと同じ（マイノリティのエンパワーメントという）崇高な大義のために闘う戦士」として自己を定義しようとしていたと指摘する（McDonald 2013: 278）。そうした振る舞いによって、自分のラップが本物であると、イスラエルのラップシーンの内部で証明しようとしていたともいえるだろう。

だが二〇〇〇年九月にヨルダン川西岸地区とガザ地区でイスラエルの占領に抗議する第二次インティファーダ（民衆蜂起）が勃発したことで、ＤＡＭは大きく方向性を変える。一〇月に入ってイスラエル領内でもインティファーダへの連帯を示すアラブ系のデモが頻発し、一部が道路を封鎖して投石するなど暴動化、一三人のアラブ系市民が警察の発砲によって殺害され、数百人が負傷、数千人が逮捕される事態に発展したのである。第二次インティファーダとそれに対するイスラエルの弾圧は、オスロ合意以降のイスラエルとパレスチナの和平プロセスに終止符を打っただけでなく、イスラエル国内のアラブ系とユダヤ系とのあいだの不信感を増幅した。

この二〇〇〇年一〇月の出来事の後、DAMはイスラエル国家への政治的批判を初めて明確に打ち出した「無実の犯罪者」をヘブライ語で発表する。(2)

お前らは言う、アラブは原始的だ。お前らは言う、アラブは攻撃的だ。
お前らは言う、俺たちは犯罪者だ、野蛮人だ。そうじゃない。仮にそうだとしても、それは政府が俺たちにしてきたことだ。
俺を捕まえる前に、俺を裁く前に、俺を感じる前に、俺を罰する前に
俺の靴を履いてみろ、足の痛みを感じてみろ。だって俺たちは犯罪者、無実の犯罪者。

この曲は後にイスラエルの人気ロック歌手アヴィヴ・ゲフェンの目に留まり、イスラエル左派の映画監督ウディ・アローニがミュージックビデオを撮影したリミックスバージョンも発売されたが、イスラエルのメジャー音楽シーンへの扉がDAMに開かれることはなかった。

同時期にターメルは母語であるアラビア語でのラップに取り組み始め、初のアラビア語ラップのソロ曲を発表、そして二〇〇一年にはDAMの代表曲「誰がテロリストだ?」が誕生する。二〇〇一年にテルアビブでパレスチナ人による自爆テロが起き、それに反発したユダヤ人が隣町のモスクに投石する事件が起きたことを受けて作られたこの曲は、音楽配信サイトでひと月に一〇〇万回以上もダウンロードされる世界的ヒットを記録した。

誰がテロリストだ？　俺がテロリスト？　自分の国に住んでるだけだぜ。

誰がテロリストだ？　お前がテロリストだ。俺は自分の国に住んでるだけだぜ。

俺の祖先を殺したように俺を殺した。法に頼れ？　敵のお前が証人で弁護士で判事なのに？……

（中略）

愛する者たちを殺され、俺は一人。家族は離散、だが俺は声を上げ続ける。

俺が平和に抗ってるんじゃない、平和が俺に抗ってくるんだ。

平和が俺を消そうとする、俺の遺産を消し去ろうとする。


この歌詞には、イスラエルのマイノリティであるアラブ系の心情と、イスラエルとの和平交渉に絶望した占領下のパレスチナ人の心情とが、重ね合わせて表現されている。第二次インティファーダを機に、ＤＡＭはイスラエルの内部で生きる自分たちもまた、ヨルダン川西岸地区やガザ地区の人々と同じ、占領されたパレスチナ人なのだという意識を明確に持つようになったのである。

イスラエルの中のパレスチナ人としての立ち位置をアラビア語でラップする道を選んだＤＡＭは、テロと報復の連鎖の中で右傾化するイスラエルのラップシーンから排除されていく。一方で、パレスチナ人のあいだではまだラップはなじみがなく、イスラエル国籍であることが壁になって他のアラブ諸国への進出も思うように進まない。ドキュメンタリー映画『怒りのチャンネル』には、英語やヘブライ語のラップに戻るべきなのか、方向を見失って悩みながらも、アラビア語ラップで聴衆の心を次第につかんでいくＤＡＭの歩みが捉えられている。

二〇〇五年にDAMが行ったヨルダン川西岸地区ツアーに同行したマクドナルドは、彼らが歌詞とパフォーマンスの力で若い観客を魅了し、共感を得ていった様子を記録する一方で、米国文化の模倣だとしてラップに嫌悪感を示し、イスラエル領内のアラブ人は敵の協力者だとすら口にする年配者たちの声も紹介している(McDonald 2013: 263)。

自分たちに向けられるこうした不信の目は、DAMの主要なテーマの一つになっている。たとえば、二〇〇〇年一〇月の騒乱の際に射殺された一三人の犠牲者に捧げる「祖国の中の異邦人」で、彼らはこう歌っている。

世界は今日、俺たちをイスラエル人として扱う。イスラエルは明日、俺たちをパレスチナ人として扱う。祖国の中の異邦人…(中略)
裏切り者、内側のアラブ、四八年組、なんとでも呼べばいい。
俺たちは生涯、パレスチナの根でありつづける。

内側とはイスラエルの内部、四八年組とは一九四八年に建国されたイスラエルの領域内に暮らしていることを意味する。イスラエル政府の側からも、パレスチナ人やアラブ諸国の側からも、潜在的な敵や裏切り者として不信の目を向けられる葛藤と、奪われた祖国パレスチナの記憶を守ってきたのは自分たちにほかならないという矜持は、これまでエミール・ハビービーらアラブ系イスラエル人の文学者たちによって書き継がれてきたテーマでもある(ハビービー二〇〇六)。

パレスチナのラップシーンに五年にわたって密着したドキュメンタリー映画『スリングショット・ヒップホップ』(パレスチナ・米、二〇〇八年。邦題『自由と壁とヒップホップ』)にも、DAMらイスラエル領内のラッパーたちが、自分たちは裏切り者として見られているのではないか、何かが足りないと見られているのではないかという引け目を吐露する姿が映し出されている。それに対し、ガザ地区や西岸地区の若者たちは、彼らをパレスチナにおけるラップの先駆者としてリスペクトし、音楽を通じて彼らの苦しみを理解していた。そうした交流を通じて、アラビア語ラップが新たな抵抗の表現として世代や性別を越えた支持を集めるようになっていく過程も、この映画には活写されている。

図 **5-2**　ターメル・ナッファール(右)とマイサ・ダウ(筆者撮影)

こうしてパレスチナでの信頼性を獲得していった二〇〇〇年代半ば、DAMは欧米にも活動の舞台を広げていった。その背景には、イスラエル政府に国際法順守を迫るためにボイコット(Boycott)、投資の引き揚げ(Divestment)、制裁(Sanctions)を呼びかけるBDS運動のグローバルな展開、パレスチナ問題に共感する中東・ムスリム系移民の声の高まり、パレスチナ問題に対する国際メディアの関心など、様々な要因が指摘できる。また、活動の国際化と並行して、アラビア語ラップの聴衆を拡大するため、よりポップな要素を取り入れる方向にDAMの音楽は向かってきた。扱うテーマも多様化し、特に女性シンガーソングライターのマイサ・ダウが二〇一五年から正式に加わって以来、ジェンダー問題を扱った作品が目立つようになっている。

こうした近年のＤＡＭの方向性に対しては、メインストリームを狙っているとか、女性の権利を求める国際的な時流に乗っかっているといった批判もある。だが、女性の問題についていえば、ＤＡＭはずっと以前から女性シンガーやラッパーと共演し、イスラエルの差別政策を批判する自分たちが、女性の自由や権利を抑圧することは許されないというメッセージを発し続けてきた。

たとえば二〇一二年の「もし時を遡れたなら」では、望まない結婚を強いられて国外に逃げようとした女性が兄や父に殺されてしまうという、いわゆる名誉殺人の問題を取り上げている。この曲に対しては、ミュージックビデオがＵＮウィメンの後援を受けて制作されていたこともあり、名誉殺人を文化的後進性の問題に矮小化しようとする国際的な反アラブ・反イスラームのキャンペーンに利用されることを強く懸念する意見が、米国の著名な中東研究者ライラ・アブー＝ルゴドらから寄せられたこともあった。その時のＤＡＭからの反論は、この曲は過去数年にわたって実際に自分たちの地元で家族に殺された何人もの女性たちの証言なのだ、というものだった。

自分たちのコミュニティー内で起きている女性に対する暴力を取り上げることは、「我々のより幅広い政治的プロジェクトの不可欠な一部なのです。占領と闘うことと、性差別や家父長制と闘うことは、ＤＡＭにとって、同じ一つの闘いなのです」(*Jadaliyya*, 2012. 12. 26)という彼らからの反論に対し、自身もパレスチナ系であるアブー＝ルゴドの側は、「四八年パレスチナ人の新世代による力強く、極めて可視的な声」であるとの賛辞をＤＡＭに送り、女性への暴力という重要な問題について、生産的な議論をこれからも共に続けていこうと呼びかけた(*Jadaliyya*, 2012. 12. 26)。

このやり取りからは、リッダのハーラ（街区／フッド）に根差した声を一貫してあげてきたという信頼性が、ジェンダーのようなグローバルな射程を持つ問題についても発言する権利をDAMに与えているという言説構造が見て取れる。同様の構造は、二〇一九年にリリースされた最新アルバム中の「ミリヤーダート」にも認めることができる。シリアの反体制ラッパーやエジプトのフェミニズム作家、サウジアラビアで投獄されたパレスチナ人詩人らの名前を挙げながら、抑圧的なアラブ諸国の政権を批判するこの曲では、「何百万ドルもの金が俺たちを散り散りにするために使われている。全然金のかかってない「誰がテロリストだ？」は、リッダでもダマスカスでもアインヘルワ（レバノンにあるパレスチナ難民キャンプ）でも歌われているぜ」という詞が繰り返される。この詞の「俺たち」はアラブ諸国の市民を表しており、歴代の権力者たちが口先で唱えるだけだったアラブ市民の連帯を、自分たちのラップがアンダーグラウンドで実現させているという自負が表現されている。同時に、自分たちのラップがアラブ市民のあいだで得てきた信頼性があるからこそ、パレスチナの範囲を超えたより大きな政治問題や社会問題についても発言することが可能になったのだという自信も読み取れる。

パレスチナやアラブ諸国の聴衆から得てきた信頼性が、DAMにグローバルな舞台への参入を可能にした。だがそれは、リッダのハーラ（街区）という立ち位置をこれからも維持していくことを難しくするというジレンマも生む。最新アルバム収録曲のひとつ「十分に本物」には、そうしたDAMの葛藤が表現されている。この曲では現メンバーであるターメル、マフムード、マイサの三人が順番に、自分自身にも自分のコミュニティーにも誠実であり続けたいという強い思いと、時にそれが難しくなることもあるという悩み、さらには外部から求められる役割への違和感を打ち明けていく。そしてそれぞれのパートを「十分に本物、十分に本物じゃないって認めるほどに」というサビで締めくくる。

この顔のどこにもボトックスは打ってない、だが道を切り開くため時には顔を変える。
荒っぽい口調を練習した、堂々とハーラに入ってくために。
目の前で人が殺されるのを見たのは小学生の頃、俺は歌でハーラをレペゼンしてる[3]、
でも自分や妹たちがそこから抜けだせて喜んでる。
自分の人生を歌にしてきた、記者は俺のメッセージを世界に伝えようとする。
だが俺はナイーブだった、世界は貧困には興味がない。記者は仕事のために来るだけ…（中略）
俺はレイシストじゃない、民族主義でも愛国でもない、俺はただこの時代が生んだ息子。

グローバルな舞台で求められるのは時にイスラエルに対する抗議者であり、パレスチナの大義の擁護者であり、アラブの怒れる若者たちの代弁者としての役割である。このマフムードのパートにある「俺はレイシストじゃない、民族主義でも愛国でもない」という言葉には、そうした役割が外部から押し付けられることへの違和感が表現されている。イスラエルへの批判はしばしば反ユダヤ主義のレッテルを貼られる。またここで「民族主義」と訳した「カウミー」は、アラブ世界の二重のナショナリズムのうちアラブ民族との一体感を示す言葉であり、愛国と訳した「ワタニー」は国家としてのパレスチナへの帰属意識を表す。イスラエルの中のパレスチナ人という複雑な立ち位置を選び取ったDAMにとって、いずれの定義も押しつけに過ぎない。

二〇〇五年にＤＡＭが初めてニューヨーク公演を行った際の記事に、こんな記述がある。「パレスチナ国旗を振るサポーターたちを見たターメル・ナッファールが自身の心境を語った。「その旗を愛してないわけじゃない」…（中略）だが、ナッファールはパレスチナ国旗が、〔ユダヤの象徴である〕ダビデの星を描いたイスラエル国旗のような排除のシンボルに置き換えられることを望んでいない」（*The Electronic Intifada*, 2005. 10. 17）。また、同じ年のインタビューでターメルはこうも語っている。「俺たちは一九四八年領のパレスチナ人。俺たちは平等が欲しい。それだけだ」（*The Electronic Intifada*, 2005. 7. 5）。

このインタビューから一〇年以上を経た今、リッダのハーラから発せられたＤＡＭのラップは、グローバルな場に届くようになった。だがそれによって、自分たちのコミュニティーを真に代表し続けることが難しくなるという葛藤も大きくなっている。これからも「十分に本物」であり続けるための彼らの試行錯誤は続く。

注

（1）アラビア語は公的な場で用いられる正則語と日常語との乖離が大きく、さらに日常語は地域差が激しい。後述するように地域性へのこだわりが強いラップでは基本的に、それぞれの国や地域の日常語が用いられるため、アラビア語ラップと一括りにするのは問題がある。しかしアラビア語ラップの聴衆はインターネットを介して他の地域のラップにも親しみ、国を越えたラッパー同士のコラボレーションも珍しくない。本章は国や地域間でアラビア語ラップを比較することを目的としているわけではないため、アラビア語の地域差の問題には言及しないこととする。

（2）以下のＤＡＭの詞は公式サイト（ＵＲＬ③）に掲載されているものを原語から翻訳した。

（3）「レペゼン」は日本語ラップでレプリゼントを意味する用語。アラビア語ラップではマッサラという動詞が使われる。

参考文献

木本玲一（二〇〇九）『グローバリゼーションと音楽文化——日本のラップ・ミュージック』勁草書房

齋藤大輔（二〇〇八）「グローバリゼーションとローカルの場におけるポピュラー文化の生産——タイ・ラップミュージックの事例から」大谷裕文編『文化のグローカリゼーションを読み解く』弦書房

ハビービー、エミール（二〇〇六）『悲楽観屋サイードの失踪にまつわる奇妙な出来事』山本薫訳、作品社

ホール、スチュアート（一九九九）「新旧のアイデンティティ、新旧のエスニシティ」A・D・キング編『文化とグローバル化』山中弘・安藤充・保呂篤彦訳、玉川大学出版部

山本薫（二〇一〇）「我々を隔てることはできない——映画『スリングショット・ヒップホップ』が見せたパレスチナラップの可能性」『インパクション』一七五号

山本薫（二〇一一）「社会・文化運動としてのエジプト〝一月二五日革命〟——グラフィックス・映像・音楽の事例から」酒井啓子編『〈アラブ大変動〉を読む——民衆革命のゆくえ』東京外国語大学出版会

ローズ、トリーシャ（二〇〇九）『ブラック・ノイズ』新田啓子訳、みすず書房

Almeida, Cristina Moreno (2017) *Rap Beyond Resistance: Staging Power in Contemporary Morocco*, Palgrave Macmillan.

Khalaf, Samir and Roseanne Saad Khalaf eds. (2011) *Arab Youth: Social Mobilisation in Times of Risk*, Saqi Books.

LeVine, Mark (2008) *Heavy Metal Islam: Rock, Resistance, and the Struggle for the Soul of Islam*, Three Rivers Press.

McDonald, David A. (2013) *My Voice Is My Weapon: Music, Nationalism, and the Poetics of Palestinian Resis-*

tance, Duke University Press.

McDonald, David A. (2019) "Framing the 'Arab Spring': Hip Hop, Social Media, and the American News Media," *Journal of Folklore Research*, 56(1).

Pappé, Ilan (2013) *The Forgotten Palestinians: A History of the Palestinians in Israel*, Yale University Press.

Weis, Ellen R. (2016) *Egyptian Hip-Hop: Expressions from the Underground*, The American University in Cairo Press.

URL(すべて二〇二〇年1月三一日閲覧)

① http://revolutionaryarabrap. blogspot. com/2011/10/el-general-hip-hop-and-tunisian. html

② https://www. palestineremembered. com/al-Ramla/al-Lydd/index. html

③ https://www. damofficialband. com/

III

スポーツ

第6章 フランコ独裁とサッカーという磁場
――現在に繋がるローカルでグローバルなサッカー――

細田晴子

はじめに

スペインの近現代は、目まぐるしく体制が変化した。第一共和制を経て一九世紀後半に再び王政が復活した後、第一次世界大戦後にはその王政(アルフォンソ一三世、在位一八八六―一九三一年)の下で、一九二三年クーデタによりプリモ・デ・リベーラの独裁体制が成立した。カタルーニャに対しては、公共の場でのカタルーニャ語の禁止、FCバルセロナ(以下バルサ)競技場の半年間閉鎖なども行われた(立石二〇〇八:三二五)。

一九三〇年に独裁者が失脚し、翌年には自治体議会選挙での結果を受けアルフォンソ一三世は亡命し、第二共和制が成立した。しかしその体制は左右両派から批判され、軍人フランコが決起して一九三六年より内戦となった。その内戦を制したフランコが独裁政権を樹立し、彼が死去する一九七五年までその体制が継続したのである。フランコ・スペインは一九六四年二度目のEC加盟を申請するものの、非民主的な体制ということで受理されなかった。加盟には、ポルトガルと共に一九八六年まで待たねばならなかった。

フランコ時代のスペインでは、スポーツ、特にサッカーは、「中央集権の、同質のスペイン国家」を形成するために使われた(Hargreaves 2000: 9)という意見があるが、現在もくすぶるカタルーニャ独立運動と、サッカーはどのような関連があるのだろうか。本章では特にフランコ時代に焦点を当て、現在まで続くサッカーのグローバル／ローカルのせめぎあいを明らかにする。第一節では中央からの視点で、スポーツの大衆化の流れ、フランコ時代の国内・対外プロパガンダ、サッカーに関する言説について、第二節で周縁におけるサッカーとフランコ独裁の関係を、第三節でローカルなサッカーのグローバル化について述べる。

一　権力・中央──国家とサッカー

スポーツの大衆化

一九世紀末スペインでは、主に二つの流れによって、スポーツが大衆化していった。第一に有志のクラブ・協会によるものであり、とくにカタルーニャ、アンダルシア、マドリードなどでスポーツの組織化が進んだ。第二に、学校教育によって体育が制度化された(岩瀬二〇一八：一五三―一五九)。

他のヨーロッパ諸国と同様スペインにおいても、エリート層のスポーツにとどまっていたラグビーや乗馬とは異なり、サッカーはさまざまな階層の大衆に浸透した(Quiroga 2013: 467)。サッカーは、一九世紀末アンダルシアのリオティントやバスクの鉱山で働くイギリス人技師によって持ち込まれ、イギリスなどの外国資本が投入されてきた地域で広まっていったのである（Sánchez Marroyo 2003：238）。一方、クラウゼ哲学にインスピレーションを得、宗教に依拠しない教育を行った自由教育学院（一八七三年創設）は、イギリス起源のスポーツを導入した。サッカーは一八八一年導入され、スペインで初のサッカーの試合が行われた（Martínez-Gorroño y Hernández-Álvarez 2014：254）。

スポーツ愛好者であったアルフォンソ一三世は、王室とスポーツ競技を結びつけ、サッカーをナショナリズムの高揚や王政に対する支持獲得に利用した。一九〇二年、王が成年に達したことを祝うサッカー大会が開催され、翌年、現在まで続く「国王杯」となるのである（山道二〇一五：三三六）。ヒトラーの発想と共通する部分があるが、この国王の下で一九二〇年代に独裁をしいたプリモ・デ・リベーラも、「スペイン国民の人種的改良、スペイン的価値観を高めるため」にスポーツを奨励していた（Quiroga 2013：468）。さらには当時レアル・マドリードの試合の入場料は、映画の入場料とほぼ等しかったため大衆にも手の届くものとなり、サッカー観戦も大衆の娯楽となっていった（山道二〇一五：三三七）。

フランコ政権の国内プロパガンダ

スペイン内戦後のフランコ時代、スペインのスポーツレベルの向上が必要とされていた一方、スポーツは国内外のプロパガンダに使用された。

スポーツ全般で言えば、フランコ独裁政権の中核、ファランヘ党は、内戦後一九五〇年代位までスポーツを通じて大衆動員・体力増進を行おうとした。フランコ体制は、特にスペイン人男子のマッチョ性、活力、怒りを刺激して若者教育(Simón Sanjurjo 2013a：168；Simón Sanjurjo 2013b：222–223)を行った。フランコ体制の中では、ファランへ党以外の政党は非合法であったため、男子がやり場のない鬱憤を晴らす場所としてもサッカーは貢献した。

一方、一九四〇－五〇年代になると、サッカーは「スポーツの王」の地位を確立していった。一九四六年にはサッカーくじも売り出されるようになり、男性の間にショー・娯楽としてのサッカーが一層広まった(Quiroga 2013：474–475；Sánchez Marroyo 2003：468, 471)。

フランコ政権は、当時の新しいメディア、つまりラジオやニュース映画(NO-DO)などもフルに活用し、サッカー等のスポーツも積極的に報道させた。テレビ放送は一九五六年より開始された。またスポーツ紙マルカ紙は、スペイン内戦中の一九三八年一二月二一日、ファランへ党員のジャーナリストであり小児科医であったフェルナンデス・クエスタ(Manuel Fernández-Cuesta Merelo)がバスク地方のサン・セバスティアンで創設した。スポーツ行事に関する情報のほかに、ファランへ党の青年部の組織の活動についても報じていた。内戦終結後、一九四〇年一月からはマドリードで発行されるようになった。

フランコ独裁政権下に検閲が存在したということもあるが、一九六〇年代にはスポーツ紙が一般の日刊紙を凌駕するようになる(Quiroga 2013：480)。マドリードで発行されているマルカ紙は、現在でも一般紙のエル・パイス紙を凌駕してスペインで最も読まれている日刊紙である(二〇一八年現在、一日の読者数一八四万人)。

フランコ政権の対外プロパガンダ

六〇年代からフランコ政権はスポーツを外交に利用し、とくに欧州に対してフランコ政権のイメージアップを図ろうと試みた。

独裁政権であっても欧米の戦略上の理由からNATOに加盟できたポルトガルとは異なり、スペインは欧州で孤立することになった。反共主義を標榜するフランコ政権は、米国から米西協定をつうじて支援を受けていたが、フランコ体制は共産党を禁止していたため、当然ソ連、東欧諸国との国交もなかった。だがサッカーでは、ソ連など共産国とも戦った。ナショナル・チームは、非公式大使のような存在となったのである。まさにサッカー外交である。

保守系王党派の日刊紙ABC紙によると、一九五六年の第一回欧州チャンピオンズ・カップで、レアル・マドリードがフランスのチームをパリで約三万八〇〇〇人の観衆を前に四対三で破り初優勝した際、在仏スペイン大使は、「感動的、紳士的に戦われた美しい試合だった」と感想を述べている。また「今日フランス人は、マドリードのチーム全体のなかに見えた、スペインのサッカーの伝統的な性格、勇気と激情《フリア》(1)が結びついた最も洗練された技術に見とれただろう」と述べている(ABC, 1956. 6. 14)。

一九六四年六月二一日には、スペイン対ソ連の欧州ネイションズ・カップ(つまり、バルサ、レアル、バスクのアスレティック・クルブ(後述)の選手も参加した)の決勝が、マドリードのサンティアゴ・ベルナベウ(レアル・マドリードのホームグラウンド)において開催され、延長戦でスペインが勝利した。このときは、フランコ夫妻、ファン・カルロス皇太子夫妻、ムニョス・グランデス副首相、ソリス国民運動事務局長が観戦していた。ここでもNO-DOは、決勝点を入れる前のスペイン人の選手たちの「激情《フリア》」について言及した。

翌二二日には、選手らはパルド宮でフランコに謁見した。翌々日二三日付一般紙ABC紙の一面は、この勝利の写真であった。また、バルセロナで発行されている同日付ラ・バングアルディア紙でさえも、一面はサッカーの写真、フランコ夫妻、ファン・カルロス皇太子夫妻の写真等を掲載した。国を挙げての祝賀ムードであった。

ABC紙は、ソ連に勝利したというサッカーの記事の上に、国内外の共産主義・その支持者への勝利から生まれた国家において、この二五年間、人々がこれほど熱狂したことはなかった、この勝利は公の、政治的な意味合いがあるとも報じた(ABC, 1964. 6. 23)。内戦勝利からちょうど二五周年のこの年、共産主義などに打ち勝ち国を一つにまとめた、フランコ政権の安定性が強調されたのである。フランコ政権としては、「ソ連(=共産圏)に勝利するスペイン(=フランコ)」のイメージを国内外に強調する絶好の機会であり、果たしてそのプロパガンダは成功したのであった。

サッカーの中の言説

一八九八年の米西戦争でスペインは最後の植民地を失い、国民も自虐的になっていくが、その雰囲気がサッカーの報道ぶりにも現れている。悲観論(宿命、不運、不公平)といった言説も支配的だった。例えば試合で負ければ「宿命」と言ったり、「審判が悪い」(不公平)と責任転嫁をしたり、あるいは、激情《フリア》を煽るといった傾向が見受けられた。時には、スペインのドン・キホーテ的な、つまり「不公平な」審判にも騎士的な英雄精神で負けたといった説明がなされた（Quiroga 2013：467，474）。スペインは、何よりも名誉を重んじるためであろう。

この激情《フリア》という言葉は、もともと野蛮な怒りといった否定的なニュアンスを持っていた。過去にスペインの領土であったオランダやベルギーでは、そのままの否定的な意味でスペイン的激情（furia española）という表現が使用されていたのである。これは、当初は、一五七六年スペインが国際的商業拠点であったアントウェルペン（現ベルギーに位置する）で行った残虐な略奪をさすものだった。しかし、一九二〇年の同地でのオリンピックのサッカー予選においては、よい意味でスペイン軍の強さを示す言葉となっただけではなく、スペイン人の国民性も表すものとなった。二〇世紀には、マスコミによって、こうした特徴はさらに強調され、国の統一性があるということも強調されていく。一九三四年、ムッソリーニの前で行われたＦＩＦＡワールド・カップの準々決勝でスペインは一対一で引き分け、次の試合ではイタリアが一対〇で勝利した。その際、イデオロギーの異なる各紙が共通に使用したのは、「激情《フリア》」と宿命論だった（Quiroga 2013：466–474；ABC，1956．6．23）。前述の一九六四年、スペインがソ連に勝利した試合に関しても、イタリアのマスコミは、「激情《ラ・フリア》（冠詞付、大文字）」がソ連を破ったと書きたてた（ABC，1964．6．23）。

一九五〇年、サッカーでスペインとイギリスが対戦する際には、一五八八年のアルマダ海戦を持ち出した。この際、スペインの艦隊はイギリスに敗北したのであるが、スペイン側はイギリスをフランシス・ドレイク卿が率いる海賊、イギリス側は衰退したスペインの植民地と相手側をそれぞれ表現していた（Quiroga 2013：478）。サッカーに関しては、歴史的な宿命の対決をも思わせるような言説が飛び交っていたのである。フランコ時代から外国人選手もスペインのチームでプレーするようになると、次第に激情《フリア》のサッカーから見世物としての洗練された技術のサッカーが目指されるようになった（Ashton 2013：45）。

ただしフランコ時代、スペインのスポーツレベルは低く、五つのオリンピックにおいて金が一、銀が二、銅が二個だけであった（民主化後モントリオール、モスクワ、ロサンゼルス、ソウル・オリンピックでも、メダル総数は各大会六個以下）。そのため、スポーツでもスペインは競争力があることを示す必要があった（Bodin 2011：449）。

またスペインが敗北した際には、前述のように宿命論、審判が悪いといった責任転嫁がなされたが、そこにはフランコ政権のスポーツ政策に対する批判を隠蔽するという側面もあった（Quiroga 2013：483）。ナショナル・チームの良い指揮官が不在という面もあるが、インフラが脆弱だった点も大きな問題であった。バルサのホームグラウンド、カム・ノウ（カンプ・ノウ）は当時でも一〇万近くの収容人数を誇っていたが、普通のクラブチームの子どもたちが使用する施設はほとんどなかった。

ちなみに二一世紀に入り、欧州や世界でスペインが王者になると、宿命論は言及されなくなった（Quiroga 2013：492）。

二　抵抗・周縁——地域アイデンティティーとサッカー

コミュニティとサッカー

サッカーなどのスポーツがナショナリズムと密接に結びつくとはいえ、その全てがスペインへの帰属意識に収斂するわけではない。最近ではカタルーニャの独立の是非をめぐって大きな対立が生じているが、そうした地域のアイデンティティーと国のアイデンティティーが、中央集権を目指したフランコ時代に、サッカーという場においてどのように絡んだのだろうか。本節では、サッカーと関連した周縁からの動きについて述べる。

フランコ独裁政権時代においては、前節のように国家プロパガンダの道具としてサッカー等のスポーツが利用されたのは確かであるが、地方ナショナリズムが強いバルセロナやバスクでは若干様子が異なった。

サッカークラブは、地域の選抜チーム、ナショナル・チームなどが現れる前に、地元のファンなどローカルなものと密接に結びついて形成されてきた。そのため、アルフォンソ一三世の時代の一九世紀末~二〇世紀初頭には、地方ナショナリズムが強いカタルーニャでさえ、ローカル、県、地域、スペインといった重層的なアイデンティティーも共存が可能であった(Quiroga 2013: 468)。

スペインでは、一九三〇年代の内戦期に地域のコミュニティが破壊され、教会やフランコ政権下では唯一の合法労働組合・政党組織である垂直組合、ファランヘ党以外の組織は衰退した。そうしたなかで、家族のほかに地域の祝祭のためのコミュニティ、スポーツ団体などが形成され、民主化後は参加者も増加している(ペレス＝ディアス二〇一三：二三四)。

サッカーも人々をつなぎ、地域や国レベルでのアイデンティティーを醸成する重要な役割を果たしてきた。イギリス人でスペインに住むボールは、スペインの地域への帰属意識や儀式は昔からあったが、サッカーも「祭り」の一つとして人々の暮らしに組み込まれていったという。イギリスのクラブチームが「地方文化の延長というより独立した組織」なのに対し、スペインの場合クラブは「周囲を取り巻くコミュニティの化身」なのである(ボール二〇〇二：二二六—二二七)。

クラブ以上のもの

まず、地域と密着したサッカーの例として、バルサの例を挙げる。写真(図6-1)は、ホームグラウンドのカム・ノウ(カンプ・ノウ)である。青い座席の部分に黄色くMÉS QUE UN CLUBと浮き出ているが、これはカタルーニャ語で「クラブ以上のもの」という意味である。

バルサは、カタルーニャが気に入ったスイス人によって、一八九九年に設立された。モットーは、「カタルーニャ性、民主主義、多種のスポーツ、普遍性」であった(URL①)。すでに一九三三年には、クラブ会報には、「FCバルセロナとは、単なるサッカークラブ以上のことを意味しており、それゆえ名誉がかかった、約束の場には、そのプレゼンスが必要不可欠である」と書かれている(La Vanguardia, 50 años del 'més que un club', 2018.1.13)。この「クラブ以上のもの」という言葉を最初に使用したのは、一九六八年一月一七日にバルサの会長に就任したナルシス・デ・カレーラスであった。

図6-1　カム・ノウ(バルセロナ)

バルサの理事会が定めた職務要件(選手やコーチも含む)からは、「必要最小限のパフォーマンスで勝つのではなく、見る者を楽しませることを目指す」という意味が読み取れる(ヒューズ二〇一九：四一)。バルサの元選手のピチ・アロンソは、バルサの社会的重要性(クラブの人々との一体感)を強調し、一九九六―一九九七年監督であったイギリス人のボビー・ロブソンも、「カタルーニャは国家であり、FCバルセロナはその国の軍」と述べているほどである。元会長のジョアン・ガスパールも、バルサが(カタルーニャ)国と言語、つまり文化の守り手だと言っている(ヒューズ二〇一九：七二―七四)。

一方レアル・マドリードは、一九〇二年自由主義的なカタルーニャ出身者が創設した(田澤二〇一三：四八)が、スペイン内戦でスタジアムも破壊され、選手数も激減していた。そして内戦後に再建されて、一九四三年にはスペインカップの準決勝でバルサと対決することとなった。

現在も両者の対決は熱を帯びるが、フランコ時代には一種の政治的表現の場ともなった。フランコは、国の統一を脅かさない限り、地域の代表に関してはある程度寛容であった(Quiroga 2013: 476)。しかしバルセロナの人々にとっては、このレアル・マドリードとの試合は、ある意味マドリードの中央政府との戦い、ひいては彼らからカタルーニャ語を奪った敵との戦いなのである[2]。フランコ時代カタルーニャ語などの地域言語は非公式なものとされ、教育の場や公式文書での使用はもちろん、出版、劇場、映画でもカスティーリャ語（いわゆるスペイン語）が使用された。カタルーニャ語での電報や電話も禁じられた。ただしラジオ・テレビでは使用可能だった（URL②）。この時代、カタルーニャなどの地域アイデンティティーを強調することはタブーであった。しかしバルセロナのチーム、バルサのホーム、サッカー・スタジアムのカム・ノウでは、公の場であってもカタルーニャ語で堂々と会話することが可能だったのである。

バルサのホームゲームでは、開始から一七分一四秒（カタルーニャの独立が失われた敗戦の日は、一七一四年九月一一日、現在でもカタルーニャではこの日が「カタルーニャの日」として祝日）の時点で、カタルーニャの独立を求めるチャントが起こる（ヒューズ二〇一九：七二）。二〇一七―二〇一八年は、約一四万二〇〇〇人のソシオ（クラブ会員）がおり、うち九二・五％がカタルーニャ在住者であった（PALCO 23, 2018. 7. 23）。

他方で、中世の地中海を中心とする商業国であった歴史から、カタルーニャは、排他的ではなく「開かれている」ともいえる。一九六〇年代以降の経済成長期に入ってマドリードやバルセロナといった都市に人口が集中していくと、新たな変化が生じた。例えば、バルセロナについてはカタルーニャ語を話さず、カタルーニャと縁もゆかりもない移民（スペイン人）の流入があった。そのため、移民たちをどのようにしてカタルーニャに取り込んでいくか、という点が問題になる。そうしたなかで、バスクとは異なり、地域の祭りや、サッカーなどのスポーツが活用されていくのである。

六〇年代バルサの成績は振るわなかったものの、ソシオ数は激増していった（一九五〇年の二万六三〇〇人から、一九六一年には倍以上の五万二七九一人）のは、こうした移民たちのおかげである。彼らは、バルサの「民主的精神、階級の超越、反中央集権」に魅せられたのである（URL①）。

クラブの発行する雑誌『バルサ』では、一九七四年に、「バルサが、仕事と希望と夢を求めて外からやってきた人たちのクラブでもある」と明らかにしている。同様に、後述する同年のムンサラットの行事でも修道院長が、「他の土地からやって来た人々に対して、理想の拠りどころとして、また日々の辛苦を紛らわせる娯楽として、クラブに受け入れるという広い心に、希望を見出す」と述べている（サンタカナ二〇〇七：二〇八、二一八）。

宗教、芸術とサッカー

カタルーニャでは、地元愛という意味で、修道院とサッカーも関係があった点は興味深い。フランコ政権は一九七五年のフランコの死で終焉を迎えるが、その前年一一月一七日、バルサのクラブ創設七五周年記念行事が開催された。この時、カタルーニャ人の心の拠り所になっていたムンサラット修道院に、六〇〇〇〇人ものソシオが結集した。当時の独裁体制の中では、修道院もカタルーニャ語が公の場で使える貴重な場所の一つであり、体制に反対する人たちが集まる場という暗黙の了解があった。修道院長もまた、ただ単に説教を行うだけでなく、コミュニティにおけるバルサの重要性を説いている。民主化後にカタルーニャ州首相（一九八〇―二〇〇三年）となるプジョルが、スウェーデンの社会民主主義にインスピレーションを得て、この七五周年の場で、「カタルーニャ民主集中（CDC、Convergència Democràtica de Catalunya）」という政党を結成した。プジョルは、かつて銀行に勤務していた時の同僚をバルサの執行部に入れ、「広範なカタルーニャ化プロジェクト」を遂行しようとしたのである（サンタカナ二〇〇七：五八、二一六―二二一）。

スペイン内戦で亡命した、世界的に有名なパブロ・カザルスというカタルーニャ出身のチェリストは、カタルーニャの詩人によるキリスト生誕の情景の詩にもとづき彼が作曲した作品「パセブラ」を、世界各地で平和の歌として演奏していた（細田二〇一三）。この作品は、彼の死後一年経った一九七四年、バルセロナ市内の教会にて、バルサの創立七五周年を記念して演奏された[3]。その他ダリやミロといった芸術家もバルサに協力している（URL①）。

コミュニティの中ではぐくまれたサッカーは、他の芸術とも結びついて地域のアイデンティティーを醸成していくのである。そしてバルサは二〇世紀末にも、他国の移民たちをも社会に融合させるのに一役買うのである（URL①）。

バスク・アイデンティティー

もう一つの例は、一八九八年創設されたバスクのサッカーチーム、アスレティック・クルブである。二〇一九年現在ソシオ数は四万三五五五人である（URL③）。

非インド＝ヨーロッパ語系のバスク語、RHマイナスの血液型が多いなど他のスペインの地域と異なる特色を有するバスクでは、一八九五年創設された保守的なバスク・ナショナリスト党（PNV）が政治的権限を握り、スペイン内戦初期に、共和国政府に自治憲章の即時制定を持ち出し、人民戦線に加わった。同時期バスク・サッカー連盟は、フランス・スペインのバスク地方から代表を募るバスク代表チームを形成し、内戦中も国外にバスクをアピールするため、戦争資金調達・バスク難民支援のために、アスレティック・クルブの選手を中心に遠征を行ったが、フランコ独裁下には活動を行わなかった。

内戦後、バスク亡命政府が結成され、フランコ・スペイン下では、カタルーニャよりもむしろバスク地方の方が、一九五九年結成されたバスク祖国と自由(ETA)の下、過激な独立運動が展開されていた。バスクはフランスとの国境地帯に位置する地域で、テロが頻発していたのである。

六〇年代にはスペインのサッカー界にも外国人選手が参加するようになってきたのに対し、バスク地方には、スペインとフランス双方のバスク人・バスク人の血統を持つ選手(最近はその規制も緩まりつつある)から構成されていた、前述のアスレティック・クルブというチームがあった。当時の外国人選手の参入に比して、むしろ下部組織を形成し、地元の選手を養成したのである。そうしてバスクの人々は選手と家族のような一体感を感じていた。このチームを支援する人々は、バルサのケースと同様、独裁時代はバスク・アイデンティティーを醸成していった。一九五八年には、サンティアゴ・ベルナベウで行われたフランコ杯の決勝戦で、レアル・マドリードを二対〇で破っている。またこのチームはPNVと親密な関係があった。両者は(地方)ナショナリストである(Vaczi 2015: 25, 29, 66; ボール二〇〇二:九九)。

女性、階級

ブルジョア階級のスポーツとして始まったバスクのサッカーも、アスレティックのファンという意味では当時も、現在でも共通項のない世界の人々が出会う場になっているとされる。ただし、いずれも女性はこうしたコミュニティの外であった。例えば、いくらバスクの人々が「家族」のようにアスレティック・クルブを応援したとしても、女性の会員が認められるのは一九七九年以降で（Vaczi 2015: 24, 103）、女性チームが出来たのは二〇〇二年であった。なおバルサでは一九七〇年に女性チームの試合が行われている。スペインではサッカーは伝統的には「競争、攻撃性、激情《フリア》」など男性性を特徴とするものだとされてきたが、一九八〇年、ようやく女性のサッカーリーグが創設された（Ashton 2013: 46）。

また、階級というもう一つの対立軸についても触れておく必要がある。バルセロナのバルサとRCDエスパニョール（レイアル・クルブ・デポルティウ・エスパニョール）、アストゥリアス州のオビエド市にあるレアル・オビエドと同州ヒホン市にあるスポルティング・デ・ヒホン、マドリード市におけるレアル・マドリードとアトレティコ・マドリード、セビージャ市におけるセビージャFCとレアル・ベティスなど、サッカーの試合が富裕層と労働者階級の対決といった要素と重なるとの指摘もある（ボール二〇〇二：二一七）。

三　ローカルなサッカーのグローバル化

一方最近のサッカー界の特徴としては、やはりグローバリゼーションの側面を挙げる必要があるだろう。スペインのサッカー界にも、アラブ、日本、中国資本が入ってきており、選手のユニフォームにそうした地域の企業名が入るようになった。例えばバルサのユニフォームには、スポンサーとなったカタール航空が掲げられた後、バルサは楽天とスポンサー契約を結んだ（二〇一七年―）。バルサのバルトメウ会長は、楽天が、従来バルサの弱かったオンラインビジネスなどデジタルビジネスで新しいテクノロジーをもたらす一方、楽天の知名度が低い地域では、バルサブランドが楽天の知名度向上をもたらし、ウィンウィンの関係にあると述べている（日経ビジネス、2019.7.23）。なお、ヴィッセル神戸（楽天）のスタジアムがある神戸市とバルセロナ市は姉妹都市である。

また、アルビレックス新潟は、二〇一三年からカタルーニャ州でサッカークラブを運営しているが、スペイン人選手のほかに、二〇二〇年からバルサの若手発掘にかかわったスペイン人監督も迎えた。バルサ風の「地元のためのチーム」が誕生するかもしれない。

一方日本の選手も複数のスペインのリーグで活躍するようになり、スペインのチームの国籍の構成も多様化してきている。カム・ノウの、選手がピッチに出る途中には礼拝堂があり、聖母マリア像が置かれている。宗教性が薄れてきたとはいえ、基本的にスペインはカトリック信者が大部分を占めている。しかし今後、イスラム系の選手、他の宗教の選手がバルサに加わるとなればまた変化があるだろうか。スペインの外、とくに非キリスト教圏からやってきた選手には違和感のある光景であろう。

カタルーニャやバスクは、スペインのなかでもＧＤＰが高い地域で、前述のようにサッカーだけでなく合唱団などの組織が強い地域である。ただし、サッカーは単にスペイン人としてのナショナリズムを煽るというのではなく、カタルーニャでは、地域的なアイデンティティーや労働者といった階級意識も強化してきた。そうした複数のアイデンティティーが、サッカーを通して衝突するというのではなく、時々綻びを見せながらも捌け口として機能しつつバランスを保ってきた。最近ではカタルーニャの独立をめぐってカタルーニャ州住民の間でも深刻な対立が起きているが、二〇二〇年の新型コロナウイルスの蔓延で甚大な被害を受けたカタルーニャでは、コロナ対策の資金集めのため、バルサがカム・ノウの命名権を史上初めて売却(一年限定)することを発表したり、カム・ノウで犠牲者へ捧げるカザルス編曲の「鳥の歌」が演奏されたり、バルサを中心に新たな団結の機運も見られている。

フランコ時代、サッカーが国内外でプロパガンダに使用される一方、地方ではサッカーチームはその地域のための共同体であった。現在でも、グローバリズムの中で貧富の差が拡大し、外国人選手獲得のため巨額の資金が動き、サッカーが商業化されすぎているともいえる。しかし、カタルーニャ、バスクなどでは、多国籍企業からの資本の流入はあるものの、自分たちのアイデンティティーのためのチームであり、バルサのモットーのように「クラブ以上のもの」であり続けている。さらに「地元のためのチーム」となり「クラブ以上のもの」を目指すコンセプトが、アルビレックス新潟において展開されるように、世界スタンダードとして「輸出」されて広まる可能性も秘めている。

注

(1) 王立スペインアカデミー編纂の辞書の furia の定義の中には、①非常にいらいらし、激怒している人、②暴力性、攻撃性、③何かを行うときの速さ、気性の激しさなどがある。

(2) フランコ時代の、中央政府(マドリード)とカタルーニャの、スポーツ・オリンピック誘致に関する対立、およびオリンピックを中心とするスポーツによるスペインのパブリック・ディプロマシーについては、以下を参考(Hosoda 2016)。

（3） ラ・バングアルディア紙のコンサートの広告では、注意書きがカタルーニャ語であった（La Vanguardia, 1974. 11. 26: サンタカナ二〇〇七：二二一）。

参考文献

岩瀬裕子（二〇一八）「スペイン――「モザイク社会」の中のスポーツ」坂上康博・中房敏朗・石井昌幸・高嶋航編著『スポーツの世界史』一色出版
サンタカナ・イ・トーラス、カルラス（二〇〇七）『バルサ、バルサ、バルサ！――スペイン現代史とフットボール 1968-78』山道佳子訳、彩流社
田澤耕（二〇一三）『レアルとバルサ　怨念と確執のルーツ――スペイン・サッカー興亡史』中公新書ラクレ
立石博高（二〇〇八）「近現代のカタルーニャ」関哲行・立石博高・中塚次郎編『スペイン史 2――近現代・地域からの視座』山川出版社
ヒューズ、ダミアン（二〇一九）『ＦＣバルセロナ 常勝の組織学』高取芳彦訳、日経ＢＰ
ペレス＝ディアス、ヴィクトル（二〇一三）「スペイン――内戦（シビル・ウォー）から市民社会（シビル・ソサエティ）へ」ロバート・Ｄ・パットナム編著『流動化する民主主義――先進８カ国におけるソーシャル・キャピタル』猪口孝訳、ミネルヴァ書房
ボール、フィル（二〇〇二）『バルサとレアル――スペイン・サッカー物語』近藤隆文訳、日本放送出版協会
細田晴子（二〇一三）『カザルスと国際政治――カタルーニャの大地から世界へ』吉田書店
山道佳子（二〇一五）「スポーツの文化史」立石博高編著『概説 近代スペイン文化史――１８世紀から現代まで』ミネルヴァ書房
Ashton, Timothy J. (2013) *Soccer in Spain: Politics, Literature, and Film*, Scarecrow Press.
Bodin, Dominique (2011) "Inclusión social y práctica deportiva: El deporte como herramienta de construcción ciudadana en la España democrática, 1975-2000," en Xavier Pujadas (coord.), *Atletas y ciudadanos: Historia*

social del deporte en España 1870–2010, Alianza Editorial.

Hargreaves, John (2000) *Freedom for Catalonia?: Catalan Nationalism, Spanish Identity and the Barcelona Olympic Games*, Cambridge University Press.

Hosoda, Haruko (2016) "Unas olimpiadas para el pasado, el presente y el futuro: La historia de los Juegos Olímpicos de Barcelona 1992," *Istor: Revista de Historia Internacional*, XVII(65).

Martínez-Gorroño, M. E. y. J. L. Hernández-Álvarez (2014) "La institución Libre de Enseñanza y Pierre de Coubertin: La educación física para una formación en libertad," *Revista Internacional de Medicina y Ciencias de la Actividad Física y el Deporte*, 14(54).

Quiroga Fernández de Soto, Alejandro (2013) "El deporte," en Javier Moreno Luzón y Xosé M. Núñez Seixas (eds.), *Ser españoles: Imaginarios nacionalistas en el siglo XX*, RBA.

Sánchez Marroyo, Fernando (2003) *La España del siglo XX: Economía, demografía y sociedad*, Istmo.

Simón Sanjurjo, Juan Antonio (2013a) "Deporte y política exterior durante el Franquismo: El papel del Ministerio de Asuntos Exteriores de España siguiendo el movimiento internacional de boicot a Sudáfrica durante los JJOO de México," *Ágora para la educación física y el deporte*, 15(3).

Simón Sanjurio, Juan Antonio (2013b) "Madrid 72: relaciones diplomáticas y juegos olímpicos durante el Franquismo," *Movimiento: revista da Escola de Educação Física*, 19(1).

Vaczi, Mariann (2015) *Soccer, Culture and Society in Spain: An ethnography of Basque fandom*, Routledge.

URL

① https://www.fcbarcelona.es/es/club/historia/decada-a-decada(二〇二〇年一月二二日閲覧)

② https://llengua.gencat.cat/es/el-catala/origens-i-historia/index.html(二〇一九年一〇月八日閲覧)

③ https://www.athletic-club.eus/club/datos-institucionales(二〇一九年一一月二二日閲覧)

第7章

サッカーを通じて見るロシアの国家と社会
——二〇一八年のワールドカップを契機として——

服部倫卓

本章では、今日のロシアで国家と社会がサッカーを媒介としてどのような関係を織り成しているかを、オリンピックやドーピング問題という関連事項も視野に入れつつ、吟味する。

ロシアは、旧ソ連以来のサッカー伝統国であるものの、一九九〇年代の政治・社会的混乱の時代に、その伝統は大いに損なわれた。一時期の荒廃振りに関しては、宇都宮(二〇〇二)が現地見聞にもとづいて臨場感豊かに描いている。

一 低迷するロシアサッカーとその暗部

近年のロシアでは、強いて好きなスポーツ種目を挙げてもらえばサッカーが一番手に来るが、国民全体としてのサッカー熱は決して高くないという状況となっていた(URL①、②)。また、非強豪国ではありがちなように、サッカー好きであっても、自国チームを応援するのではなく、よりレベルの高い西欧の一流リーグやUEFA(欧州サッカー連盟)チャンピオンズリーグを追いかけがちという現象もある。なお、諸外国でも同様であろうが、ロシアにおいても男性には比較的サッカーへの関心があり、女性にはあまりないという傾向が見られる。

管見によれば、ロシア国民のサッカー熱の低さには、三つの原因があると思われる。第一に、ロシアサッカーの成績が、代表レベルでもクラブレベルでも、低迷してきたことである。第二に、ロシアにおけるサッカー観戦・視聴環境が長らく芳しくなかったことである。第三に、ロシアサッカー、特にクラブレベルのそれが、フーリガン現象と結び付いてしまったことである。フーリガン問題ゆえに、ロシアでは単にサッカーに無関心なだけでなく、積極的な嫌悪感を抱く国民も少なくない。

ここで、サッカー文化の理想像を描くとすれば、次のようなものになるのではないか。すなわち、地域に根ざしたサッカークラブが、経済の活性化、青少年の育成、健全な郷土愛の涵養、市民への娯楽の提供などを通じて地元に貢献する。サッカークラブはその金銭的な対価を得て、安定的な活動の基盤を得る。それらクラブ間の切磋琢磨により、ナショナル・チームの強化も図られる。ここでは、そうした理想的なサッカー文化を、「市民社会的なサッカー文化」と呼ぶことにしたい。残念ながら、ロシアの現実は、市民社会的なサッカー文化の対極にあると言える。市民の地元クラブへの関心はきわめて低く、サッカーは単に一部の青少年の暴力的な衝動のはけ口にすぎない時代が続いた。

二〇一〇年代前半当時の状況として、ある専門家は、ロシアサッカーで観客動員が振るわない理由として、四点を指摘していた。①古く臨場感のないスタジアム、②所得に対しての入場料の高さ、③治安・安全面での不安、④ロシアの気候の厳しさ、である。この時点で、ロシアのトップディビジョンであるプレミアリーグ(参加クラブは一六)で使用されているスタジアムのうち、一〇までもが一九六三年以前に建てられたものであった。ファンは西欧で主流となったサッカー専用の快適な劇場型スタジアムとはかけ離れた、老朽化した陸上競技場での観戦を強いられていた（URL③）。

サッカー先進国のクラブは、放映権や入場料を主たる収入源にしている。それに対し、ロシアにおいてはそれらはごくわずかで、特定のスポンサーからの支援に依存する度合いが大きい。二〇一八年のロシア・プレミアリーグの場合、クラブの収入に占めるスポンサー収入の比率は五八%にも上っており、その一方で国内試合の放映権料の比率は四%にすぎず、西欧主要リーグのクラブの収入構造とは対照的である（UEFA 2020: 66）。

ロシアのサッカークラブを支えているオーナー／スポンサーは、①国営大企業、②地域（州などのレベル）行政府、③「オリガルヒ」と呼ばれる新興財閥の領袖、に大別される。首都モスクワおよびサンクトペテルブルグというメトロポリスの場合には、国営大企業やオリガルヒが丸抱えし、資金は比較的潤沢である。それに対し、地方都市のクラブの場合は、有力なスポンサーが得られず、やむなく地域の行政が維持しているというケースがほとんどである（服部二〇一六）。

むろん、市民社会的なサッカー文化が未発達で、国家やオリガルヒの庇護によってサッカーが支えられている国はロシアだけでなく、程度の差こそあれ新興国に共通する現象と言える。中国では、習近平政権による上からのサッカー強国化が推進されるとともに、資産家オーナーが経営する主要クラブが世界の名監督・選手を買い漁っている。中東に目を転じれば、カタール、アラブ首長国連邦などが、オイルマネーを駆使した典型的な国家主導型と言えよう。旧ソ連圏のカザフスタンでは、FCアスタナという新興チームが政府系ファンドの手厚い支援で急成長する一方、地方クラブは地方予算で辛うじて賄われているところが多く、ロシアの構図に近い。対照的に、ウクライナのサッカー界はオリガルヒ支配一色となっている。

さらに言えば、近年ではこうした新興国の億万長者が、西欧の名門クラブを買収するケースが増えている。たとえば、二〇一八年現在で、イングランド・プレミアリーグ所属二〇チームのうち、実に一二チームが外国人オーナーとなっていた（UEFA 2020: 53）。ただ、現在までのところ、こうした投資が西欧の既存のサッカー文化を損なう事態にはなっておらず、むしろ世界のサッカー勢力図において西欧の主要リーグの優位をより一層強める効果をもたらしている。

このように、決してロシアだけが特異ではないものの、いずれにしても主に国家主体（国営大企業および地域行政府）が、一部はオリガルヒがその活動を支え、市民的・商業的な基盤が脆弱なのが、ロシアサッカーの現実である。石油ガス輸出国である新興国ロシアでは、なまじ国内にお金があるので、いびつな形ではあれ、それなりにサッカー界にも資金は投じられている。その結果、財源に余裕のあるクラブは、即戦力の外国人プレーヤーを雇って手っ取り早く結果を求めようとする。また、ロシア人プレーヤーも、一定の実績や力があれば国内で高給を保証され、西欧の一流リーグに挑戦するモティベーションが湧きにくい。国内リーグは外国人およびベテランが主体となり、若手の出場機会が失われ、切磋琢磨が生じない。結果的にクラブチームも、ロシア代表チームも低迷する。ロシアのサッカーは、そのような悪循環に直面してきたと言える。

二　プーチンのサッカー政策

サッカー振興を目指す取り組み

V・プーチン政権において、スポーツ行政、とりわけサッカーにまつわる政策を担当したキーパーソンが、プーチンと近い関係にあるV・ムトコ氏である。二〇〇五年にロシア・サッカー協会会長に就任し、二〇〇八年にはスポーツ相に任命された。二〇〇八年五月から二〇〇九年一一月までは、スポーツ相とサッカー協会会長を掛け持ちしている。プレミアリーグの創設(二〇〇二年)、名将ヒディンク監督のロシア代表監督への招聘(二〇〇六年)、ロシア代表の欧州選手権(ユーロ)での三位躍進(二〇〇八年)、そして二〇一八年FIFA(国際サッカー連盟)ワールドカップ(W杯)ロシア大会誘致(二〇一〇年)など、ロシアサッカー界の前進の背後には、常にムトコ氏がいた。

そのムトコ氏の回想によると、過去十余年のプーチン政権のサッカー振興策は、いみじくもムトコ氏がサッカー協会会長に就任した二〇〇五年を起点とするということである。サッカー・ロシア代表は、二〇〇二年のW杯、二〇〇四年のユーロと、大きな国際大会で立て続けにグループステージで敗退したところだった。見かねたプーチン大統領がムトコ会長を呼び出し、「どうしたらロシアのサッカーは勝てるようになるのか」と問い質した。ムトコ会長は、その鍵は育成年代の練習場整備にあり、現在それに取り組んでいるが、時間はだいぶかかると説明。するとプーチンは、その整備を加速し、あわせてプレミアリーグのクラブのためのスタジアム建設も進めるよう指示した。プーチンの指令を受け、連邦政府はサッカー発展国家プログラムを策定し、インフラの整備を精力的に進めた。こうした取り組みが評価され、ロシアが二〇一〇年一二月にW杯開催権を射止めることにも繋がったとの認識を、ムトコ氏は示している(URL④)。

プーチン政権が国家主導でサッカーの振興を図ろうとした、その最たる表れが、「二〇三〇年までのロシア連邦のサッカー発展全国民戦略」と題する文書である。二〇一五年一二月のプーチン大統領の指示にもとづいて作成されたものであり、若干の曲折を経て、二〇一七年九月にスポーツ省が最終的なバージョンを承認している(URL⑤)。

この「戦略」を紐解くと、一つには、ロシアサッカーの強化をクラブレベルでも代表レベルでも図り、それを国内での愛国心と国際的な国威発揚に繋げたいという意向が見て取れる。この時点でロシアが六位となっていたUEFAクラブランキングを、二〇三〇年時点でも六位以上にキープすること、また二〇一七年初頭現在六〇位となっているロシア代表のFIFAランキングを二〇三〇年には二〇位に高めることといった目標が示されている。

それに加え「戦略」では、人口に占めるサッカー競技人口が、二〇一七年には一・八%であったところ、二〇三〇年には五%にまで高めるとされている。今日のロシアでは寿命の延伸、健康の増進が焦眉の課題となっており、そのためのスポーツ普及が重視されている。「戦略」からは、サッカー振興もその一助としたいという狙いが読み取れる。

恭順するフーリガン

他方、プーチン政権はロシアサッカーの恥部であるフーリガニズムを封じ込める動きにも出た(1)。ロシアでフーリガン現象が本格化したのは、ソ連邦崩壊後の一九九〇年代のことだった。経済難が続いたこの時期、サッカーのオールドファンは生きるのに精一杯で、スタジアムを去っていった。残された若者たちは、西欧のサポーター文化を模倣し、またイングランドのフーリガン作家D・ブリムソンの著作を読みふけって、ロシア特有のサッカー・サブカルチャーを培っていった。

フーリガン現象を、ロシア語では「オーカラフットボール」と呼び、これは「サッカーにまつわるもの」といった意味である。それが初めて耳目を集めたのが、一九九五年のことだった。モスクワ随一の繁華街であるアルバート通りで、CSKAモスクワとスパルタク・モスクワのサポーターによる衝突が起き、この「ダービーマッチ」ではCSKA側が勝利したと伝えられている。

その後、サポーターによる集団的な喧嘩が日常化し自己目的化するにつれ、それを戦う枠組みとなるグループが誕生していった。ロシア語では「フィルマ」と言うが、ここでは「チーム」と訳しておこう。一クラブで一チームという対応関係ではなく、ビッグクラブでは複数のチームがあるのが普通である。CSKAであればヤロスラフカ、ユーゲント、スパルタクであればユニオン、シュコーラ、グラディエイターズ、ゼニト・サンクトペテルブルグであればミュージックホール、スネークなどが有名どころである。

転機となったのが、二〇一〇年にスパルタク・モスクワのサポーター一名が北カフカス地方出身のムスリム数名に殺害された事件である。警察の捜査姿勢への不信もあって、モスクワ中心部の広場にサポーターを中心とする数万人の若者が繰り出し、警官隊と衝突した。これは新生ロシアで最大規模の民衆暴動であり、また民族対立がロシアの国家体制を揺るがしかねない状況ともなった。

危機感を募らせた政権側は、これ以降、フーリガン対策に本腰を入れることになる。プーチン首相(当時)は二〇一〇年一二月、主立ったサポーター団体の幹部を招集し、不文律を取り交わした。その要点は、次のようなものであったと考えられている。「諸君が、若い情熱の発露として、戦い合うことは黙認しよう。人目に触れない森や野原で戦うのであれば、我々は問題視しない。ただし、それをスタジアムや街中で行ってはならない。増してや、体制に歯向かうようなことは許さない」。

これをきっかけに、ロシアのサッカー・フーリガニズムは、集団格闘技のような様相を強めていった。今やロシアのフーリガンたちは、酒など飲まず、日頃からストイックに自らの体を鍛え上げ、戦いの日に備えている。そして、日時・場所・人数をあらかじめ申し合わせ、決戦の場に赴く。チーム同士の対戦は、総合格闘技を集団でやっているような雰囲気だ。戦いが終われば、お互いにハグをし、「良い戦いだったな。また会おう」などと言葉を交わして別れていくのである。ある種、サッカーのパラレルワールドのような戦いが、人知れず繰り広げられているのである。

クロアチアを中心とした迫真の現地レポート(長束二〇一八)でも報告されているように、フーリガニズムは東欧の旧社会主義諸国のサッカーで広範に見られることは事実である。しかし、その中でもロシアでは独自の発展を遂げたと言える。

ロシアのサッカー・フーリガンは、単にプーチン体制に恭順しただけでなく、体制を守るための汚れ役も引き受けるようになった。マッチョイズム、排外主義といったフーリガンの価値観は、実はプーチン体制のイデオロギーと通底するところがあるのだ。彼らは、おそらくは金銭的な見返りを得つつ、プーチン政権による民主化運動や市民運動の弾圧に加担したりしている。モスクワ郊外のヒムキで森林伐採に反対する市民運動が起きた時に、前出のスパルタク・モスクワのグラディエイターズが、環境保護派を排除するために投入された事実は広く知られている。また、二〇一一年末から二〇一二年初頭にかけて、モスクワ等で大規模な反プーチン・デモが繰り返された際にも、フーリガンはそれへの参加を自重したのみならず、親プーチン勢力に加勢したと言われている。

三　国際的軋轢の中でのワールドカップ

オリンピックとドーピング問題

石油価格の高騰を受け、産油国ロシアは二〇〇〇年代に入り高度成長に転じた。財政的な余裕が生じたことから、国際的な大イベント、特にスポーツ大会を開催して、それを一層の経済発展や国威発揚に繋げようという動きが強まる。二〇一三年夏季ユニバーシアード・カザン大会、二〇一四年ソチ冬季五輪、そして二〇一八年サッカーW杯ロシア大会の開催が、相次いで決定した。

しかし、そんな矢先に、ロシアのスポーツ界に衝撃が走る。ウィンタースポーツがお家芸のはずのロシアが、二〇一〇年のバンクーバー冬季五輪で、金メダル三つに終わったのである。これは、ソ連時代、新生ロシア時代を通じて、最低の記録であった。

この結果に、プーチン首相は怒りを露わにし、四年後の自国開催ソチ冬季五輪でのロシア選手団躍進を厳命したという。こうした状況下で、ロシアは国ぐるみの組織的なドーピングに手を染めていったと考えられている。なりふり構わない強化策が実り、ソチ五輪でロシアは金一三、銀一一、銅九とメダルラッシュに沸き、国別のメダルランキングでトップに立った。

ところが、二〇一五年一一月、世界アンチドーピング機構（WADA）の第三者委員会は、ロシアの陸上競技界で組織的なドーピングが行われていることを認定し、二〇一六年のリオデジャネイロ五輪も含めた陸上競技にロシアを出場させないよう勧告した。さらに、WADAは二〇一六年七月、ロシアが二〇一四年の自国開催ソチ冬季五輪などで国家主導のドーピング隠蔽工作を行ったとする報告書を発表、陸上だけでなくロシア選手団全体をリオ五輪から除外するよう国際オリンピック委員会（IOC）に勧告した。WADAの報告書では、ソチ五輪の際の不正は、ロシア・スポーツ省が主導し、ロシア連邦保安局（かつての国家保安委員会＝KGB、つまりプーチン大統領の出身母体）も関与していたと指摘された。結局、ロシアはソチ五輪で獲得したメダルのいくつかを剝奪された（具体的な剝奪数に関しては諸説ある）。

WADAの勧告はあったものの、IOCはこの時点ではロシア・オリンピック委員会を資格停止処分とすることは見送り、ロシアという重要国との全面対決を回避した。ロシアの選手は一定の条件を満たせばリオ五輪に出場できることとなり、各国際競技団体がその判断をすることになった。しかし、ロシア当局がドーピング問題への善処をなかなか見せようとしない中、二〇一八年二月の平昌冬季五輪につき、IOCは二年前のリオよりもさらに厳しい処分をロシアに下すことになる。平昌では国としてのロシアの参加は認められず、ドーピング問題で潔白であることが確認されたロシア選手のみ個人資格での五輪参加を認めるという裁定が下された。
こうして、スポーツで国威発揚をというプーチン政権の戦略は、完全に裏目に出た形となった。

東西対立と重なり合うスポーツ問題

ロシアの周辺地域においては、二〇一四年にウクライナ危機が発生し、それをめぐってロシアと欧米の関係は急激に悪化した。そうした中、英国のクレッグ副首相(当時)は新聞インタビューで、二〇一八年W杯開催権剝奪の可能性をロシアに示すことは、非常に有効な政治的、象徴的な制裁措置になりうると発言した(URL⑥)。ドイツの国会議員数名も、ロシアからW杯開催権を奪うべきだとの立場を示した。前項で見たドーピングおよびオリンピックをめぐるスキャンダルも、このような東西対立と重なり合い、問題は錯綜していく。

常識的に考えれば、ドーピング工作を指揮したと国際社会から批判を浴びたムトコ・スポーツ相は、その責任をとって退任するのが筋であろう。しかし、ムトコ氏はリオ五輪本番を迎えてもスポーツ相に留まり続けた。リオ五輪後の二〇一六年一〇月にスポーツ相からは外れたものの、副首相へとかえって昇格を遂げている。しかも、このドーピングの権化が、二〇一七年一二月までロシア・サッカー協会会長(W杯組織委員長を兼任)に留まり、二〇一八年の大イベントに向けた大会準備を取り仕切ったのである。ムトコ氏がようやく閣外に去ったのは、二〇二〇年一月のことであった。

ロシア国民はウクライナ危機によって愛国的な感情を高めた上に、国営メディアの影響下に置かれていることもあって、ドーピング・スキャンダルについても、欧米諸国による政治的なロシア・バッシングの一環と受け止める傾向があった。二〇一六年七月にロシアで実施された世論調査でも、そのことは示されている。すなわち、ロシアのアスリートが薬物を利用しており、国家機関がそれに関与していたとの証拠についてどのように思うかと回答者に尋ねたところ、非常に信憑性がある：三％、かなり信憑性がある：一一％、あまり信憑性がない：三八％、まったく信憑性がない：三三％、分からない・無回答：一五％という結果となった（URL⑦）。

もう一つ、ロシアのサッカー・フーリガンの問題も、事態を複雑にした。ロシア国内で規制が厳しくなった反動からか、ロシアのフーリガンが国外で乱暴狼藉を働く事件が、たびたびヨーロッパを騒がすようになる。二〇一二年のユーロで、地元ポーランドとロシアが対戦した際、試合前に両国サポーター同士が衝突。二〇一六年のユーロ・フランス大会では、マルセイユでのロシア・イングランド戦に際し、観客席で両国サポーターが乱闘騒ぎを起こした。さらに、試合後に市街で大々的な衝突が発生し、イングランド側の一人が亡くなる事態となった。ロシアの政治家の中には、「本家」イングランドに勝利したロシアのフーリガンたちを「男の中の男」として称賛する向きもあった。

この二〇一六年のマルセイユ騒乱の衝撃は大きく、英BBCは二〇一七年に「ロシアのフーリガニズム：スポーツ・テロリズムのドキュメンタリー」という特別番組を放送したほどである。その中に、ロシア人フーリガンの一人が、「二〇一八年のW杯では、我々は暴力のフェスティバルでお迎えする」と警告するシーンがあり、イングランド側を震え上がらせた。これ以降、英国のマスコミでは、ロシアからW杯開催権を剥奪すべきだとする論調が再び高まった。

ロシア・ワールドカップ自体は成功

欧米とロシアの対立、ドーピング問題が尾を引き、W杯ロシア大会が無事に開催されることを危ぶむ声は、直前まであった。しかし、実際には大会は二〇一八年六月一四日から七月一五日にかけて無事開催され、成功を収めた。

とりわけ印象的だったのが、試合会場となったスタジアムの素晴らしさであった。一二会場すべてが最新鋭のサッカー専用スタジアムであり、試合の臨場感を見事に演出していた。前回の二〇一四年ブラジルW杯では、国民の生活・福祉水準が低い中で、スポーツイベントに巨額の、しかも非効率な投資を行うことを疑問視する声が上がり、W杯反対運動が巻き起こって、大会にとっての不安要素となった。それに対しロシアでは、ロシアの国際的な地位向上や外国との交流という観点から大会に理解を示す国民が大多数であった。

ロシアW杯で観客からの評価が高く、この国のイメージを大幅に改善したのが、ロシア国民のホスピタリティ、とりわけ公式的なボランティアの活躍だろう。大会に向け一・七万人のボランティアが募集されたところ、無報酬という条件にもかかわらずその一〇倍以上の応募があり、実際に大会運営に参加したボランティアの数は最終的には三万人を上回った。

ロシアW杯でボランティアが機能したのには、参加者の善意に加えて、もう一つの要因があったと考えられる。それは、プーチン体制のロシアにおいて、ボランティアという活動に、特別な意義付けがなされていることである。今日のロシアでは、現状に閉塞感を感じる一部の若者が反プーチン運動の先頭に立っており、それに対する危機感から、プーチン政権は若者を体制に取り込むことに躍起になっている。そして、若者に社会参加を促し、体制への帰属意識を植え付ける上で、イベント運営、お年寄りの世話、自然保護、文化事業といった活動へのボランティアの動員が重視されているのである。プーチン体制では、若者のうち体制に従順な部分をボランティアに動員することが日頃から組織的に行われているからこそ、W杯でそれが機能したと言える(服部二〇一八b)。

他方、プーチン政権はW杯の大会期間中に、フーリガンを沈黙させることにも成功した。既述のとおり、もはやロシアのフーリガンは体制と癒着している面もあるが、W杯は世界が注目する晴れ舞台なので、当局としてはその恥部を覆い隠す必要があった。W杯が近付くにつれ、内務省過激主義対策センターによるフーリガン統制は厳しさを増していった。主要なフーリガンチームの幹部は頻繁に当局に呼び出され、大会期間中は騒ぎを起こさないよう、厳重に警告を受けた。当局は、普段からフーリガンたちの微罪に関する情報を蓄積し、彼らが体制の意に沿わない振る舞いをすれば、いつでも逮捕できるよう準備している。フーリガンといえども、妻子のいる者も多く、普段は仕事や学校に通っているので、収監されたり、勤め先や学校から追放されたりするようなことがあっては一大事だ。また、フーリガンチームは民間警備会社などの副業を営んでいる場合も多く、もしも当局ににらまれたら、ビジネスも握りつぶされてしまう。結局、W杯期間中、大物フーリガンたちは皆、ダーチャ(ロシア式の簡易別荘)などでおとなしく過ごしていたようだ(服部二〇一九)。

そして、ロシアW杯が成功を収めた大きな要因が、地元ロシア代表チームの健闘だろう。事前には、「出場国中、FIFAランキングが最下位」、「史上最弱の開催国」などと揶揄され、国民の関心や期待も低かったロシア代表が、ベストエイトに食い込む大健闘を見せた。ロシア代表が快進撃を続けるにつれ、国民の関心度も日増しに高まっていった。ロシア国民のうちW杯のロシア代表の試合を（スタジアム、パブリックビューイング、そしてテレビ等で）観たという人の割合は、サウジアラビア戦五五％、エジプト戦五九％、ウルグアイ戦五九％、スペイン戦七一％と上昇していき、ロシアにとって最後の試合となった準々決勝のクロアチア戦は若干落ちたがそれでも六九％を記録した。

四　ポスト・ワールドカップのロシアサッカー

レガシーを有効活用できるか

二〇一八年のW杯ロシア大会は、スタジアム等のインフラの完成度が高い大会となった。しかし、その整備がロシアに多大な経済的負担を強いたことは、言うまでもない。諸説あるが、ロシアがW杯の準備と開催に投じた費用総額は、大会当時の為替レートで日本円に換算すると、一兆六〇〇〇億円程度に上ったということである。人類史上最も高価なサッカー大会と言われた二〇一四年のブラジルW杯の費用総額と、ほぼ同じ規模と見られる。

ロシアW杯の費用総額のうち、スタジアムの新規建設および改築費は、四〇〇〇億円程度だった模様である。スタジアムごとの費用は、表7-1に記した。なお、一連のスタジアムのうち、カザン・アレーナは二〇一三年のユニバーシアードに向けていち早く完成しており、またスパルタク・モスクワのオトクルィチエ・アレーナは全面的に民間資本によって建てられて二〇一四年に稼働していた。残りの一〇のスタジアムが、今回のW杯に向けて財政資金を投じ新規建設または改築されたということになる。

世界的に、オリンピックやW杯といった大スポーツイベントの「レガシー（遺産）」をどう生かすかということが重要な課題となっている。ロシアに先立ってW杯を開催したブラジルでは、大会終了後すぐに、一部のスタジアムが有効活用されない事態となった。実はロシア政府はレガシーの問題をかなり早くから意識しており、数年間の検討のすえ、二〇一八年七月に「二〇一八年FIFAワールドカップのレガシー・コンセプト」という政策文書を採択している（URL⑧）。もっとも、政府としても秘策があるわけではなく、当該の文書でも、サッカーだけでなくエンターテイメント等を含めた複合的なスタジアム利用という方向性を打ち出すに留まっている。

仮にロシアW杯に莫大な費用がかかったとしても、それがロシアサッカーの競技および観戦文化の発展に繋がるのであれば、一定の意義は認められよう。しかし、ロシアでは、今回のW杯に限っては代表の健闘で例外的に盛り上がったものの、サッカー観戦の裾野は狭く、とりわけ地方の住民が地元クラブを応援するという文化は希薄である。

最初の試金石となったのが、ロシアサッカーの二〇一八―一九シーズンであった。新スタジアム効果もあり、同シーズンのロシア・プレミアリーグの観客動員は、一試合平均一万六八一七人を記録し、過去最高となった。二〇一九―二〇シーズンの前半戦も微増であり、観客動員の勢いは持続している（新型コロナウイルス問題の直撃を受けた後半戦は例外的な状況であり、参考にならない）。

ただ、スタジアムおよびクラブごとの明暗は、大きく分かれている。表7-1には、W杯で会場になったスタジアムの収容人数と、そのスタジアムを本拠地とするクラブの二〇一八―一九シーズンに

地元クラブの 2018/19 シーズンの成績	2018/19 シーズンの 1 試合平均観客数	2018/19 シーズンの 収容率
—	—	—
1 部 1 位	48,244	71%
2 部 11 位	18,941	42%
1 部 11 位	9,760	22%
1 部 5 位	30,941	68%
2 部 4 位	15,441	34%
1 部 13 位	19,182	43%
2 部 2 位 (1 部昇格)	3,948	9%
1 部 9 位	31,034	71%
2 部 14 位	10,255	25%
1 部 10 位	15,887	45%
2 部 16 位	6,003	17%

W 杯終了後に予定している縮小版の収容人数.

表 7-1　ワールドカップのスタジアムと地元クラブ

スタジアム	日本円換算の建設・改築費用	スタジアムの収容人数*	地元クラブ
ルジニキ(モスクワ)	477 億円 (改築)	81,000	—
サンクトペテルブルグ・スタジアム	862 億円	67,800	ゼニト
ヴォルゴグラード・アレーナ	296 億円	45,568	ロートル
カザン・アレーナ	258 億円	45,379	ルビン
オトクルィチエ・アレーナ(モスクワ)	260 億円	45,360	スパルタク
ニジニノヴゴロド・スタジアム	305 億円	45,000	ニジニノヴゴロド
サマラ・アレーナ	372 億円	44,918	クルィリヤ・ソヴェトフ
フィシト(ソチ)	90 億円 (改築)	44,287	ソチ
ロストフ・アレーナ	341 億円	43,472 37,868	ロストフ
モルドヴィア・アレーナ(サランスク)	284 億円	41,685 30,000	モルドヴィア
エカテリンブルグ・アレーナ	228 億円 (改築)	35,696 25,000	ウラル
カリーニングラード・スタジアム	320 億円	35,016 25,000	バルチカ

＊スタジアムの収容人数が上下段に分かれているところは，上段がW杯開催時，下段が

おける平均観客数を示している。これを見ると、収容率が高く、W杯向けスタジアムを有効活用していると評価できるのはサンクトペテルブルグ、ロストフ、モスクワ（オトクルィチエ・アレーナ）などであり、エカテリンブルグ、サマラ、ヴォルゴグラードくらいまでがかろうじて及第点をつけられそうだ。

それ以外のスタジアムは収容率が低く、ソチ、カリーニングラード、カザン、サランスクの数字がとりわけ厳しい。それも無理からぬところであり、実はW杯スタジアムは、必ずしも一部（ロシア・プレミアリーグ）のクラブの本拠地になっていないのだ。ソチ、ヴォルゴグラード、ニジニノヴゴロド、サランスク、カリーニングラードを本拠地とするクラブは、二〇一八－一九シーズンを二部（ロシア全国リーグ）で過ごした。ロシアの場合、大都市であるがゆえにW杯開催地に選ばれていても、必ずしも強豪クラブのホームタウンとは限らない。そこに、W杯に向けて四万人超えのスタジアムが出来たわけで、明らかにオーバースペックとなる。

第一節で述べたとおり、ロシアの地方サッカークラブは、地域（州などのレベル）の財政によって支えられているところが大半である。なまじW杯に向け立派なスタジアムを作ってしまった分、今後はスタジアムの維持費も膨れ上がる。連邦の所有だった新設スタジアムは、当初の予定どおり、二〇一九年暮れから二〇二〇年初頭にかけて、すべて各地域の所有へと移管された。今後は、地域行政府が自らスタジアムの維持費を捻出しなければならない。スタジアムが負の遺産になり、肝心のサッカーそのものへの支援が縮小していくようなことがあったら、本末転倒であろう。

一部の地方都市では、単に観客動員が振るわないだけでなく、様々な矛盾・歪みも生じている。その最たる例が、ソチでの動きである。表7-1に見るとおり、一連のW杯スタジアムのうち、二〇一八―一九シーズンに最も閑古鳥が鳴いたのがソチであった。そもそも、ソチのスタジアム「フィシト」は、二〇一四年のソチ冬季オリンピックのメインスタジアムとして建設されたもので、それを二〇一八年のW杯に向けてサッカー専用スタジアムに改築したという経緯がある。

しかし、ソチは非常に特殊な街で、リゾート地であるがゆえに定住人口が少なく、特にスタジアム周辺は大型のスポーツ施設やイベント会場だけが立ち並ぶ界隈となっている。ソチには長らく地元サッカークラブというものが存在せず、フィシト・スタジアムも当初はW杯後に特定のクラブの本拠地になるとは想定されていなかった。

ところが、ここでプーチン政権はウルトラCを発動する。当局が目を付けたのは、ゼニトに次ぐサンクトペテルブルグの第二勢力だったディナモというクラブである。二〇一八年六月になって、この北の都のディナモ・サンクトペテルブルグが、南のソチに移転し、クラブ名もFCソチに改名することが急遽決まった(プーチン政権の意向を反映したものと伝えられる)。さらに、FCソチは二〇一八―一九シーズンの二部を二位でフィニッシュしたため、自動昇格を果たし、二〇一九―二〇シーズンを一部で戦うことになった。かくして、ソチという街に、まったく何もないところから、わずか一年でプレミア参戦クラブが誕生してしまったわけである。確かに、W杯の遺産であるスタジアムの有効活用は、ロシアにとって国家的な課題であろう。それにしても、まるでスタジアムという箱物に後付けするかのように、密室の決定でサッカークラブを作ってしまった手法は、第一節で提起した「市民社会的なサッカー文化」とは相容れないものと言わざるをえない。

国家権力とサポーターの関係に変化の兆しも

前述のとおり、ロシア国内ではフーリガニズムは局所化され、森や野原に追いやられた。ロシアのサッカースタジアムは健全化されつつあり、最近では女性や家族連れも見られるようになった。

その一方、これは暴力的なフーリガンではなく健全なサポーターの動きとして、新たな現象も生じている。二〇一九年、ウラル地方の中心都市であるエカテリンブルグで、正教会の聖堂建立に反対する市民たちによる大規模なデモが発生した。市民たちの憩いの場である緑地公園が失われてしまうことに、若者を中心とする多くの市民が反発したものである。注目されるのは、デモ参加者の中に、地元サッカークラブFCウラルのサポーターたちも含まれていたとされる点だ。

すでに述べたように、一頃はサッカー・フーリガンがプーチン政権による民主化・市民運動の弾圧に加担するような現象もあったことが知られている。それが、エカテリンブルグの教会建立をめぐる対立では、地元サッカークラブのサポーターが市民運動の側に立つという変化が生じたのだ。サッカーサポーターが反体制運動の牽引役となるような現象は、二〇一〇―一二年の「アラブの春」でも見られたものであり、筆者も二〇一四年のウクライナの事例を分析したことがある(服部二〇一五)。むろん、ロシアのサッカーサポーターは社会の中で圧倒的な少数派であり、彼らの力だけでロシアの社会や政治を動かせるわけではないが、見逃せない潮流の変化と言えよう。

おわりに

以上見てきたように、市民社会的なサッカー文化が欠如しているロシアにおいて、プーチン政権は過去十余年、国家権力の主導による上からのサッカー強化・普及を目指してきた。二〇一八年のW杯はその大きな節目となり、大会そのものは成功を収めた。

しかし、ロシアにとっての成果は、まだら模様である。国家投資による大規模建設事業は、ロシアが最も得意とするところであり、実際W杯に向けて最新鋭のサッカー専用スタジアムが多数出来上がって（モスクワのビッグクラブの本拠地などW杯会場にならなかった新しい専用スタジアムもいくつかある）、ロシアは世界的に見ても最も急激にサッカーインフラの整備が進んだ国となった。また、プーチン政権はロシアサッカーの恥部であるフーリガニズムを首尾良くコントロールし、他方でボランティアを動員して、ロシアW杯を安全で快適なものとすることにも成功した。その反面、プーチン路線の帰結として、欧米との対立、ドーピング・スキャンダルが発生した。スポーツイベントを誘致してロシアのステータスを向上させるというプーチンの戦略は、国内では愛国心を刺激したにしても、国際的には奏功したとは言いがたい。

第一節で見たように、ロシアサッカーで観客動員が振るわない原因として、かつては「古く臨場感のないスタジアム」が筆頭に挙がっていた。しかし、その状況はW杯に向けたスタジアム建設で、一変した。国が整備した「箱物」主導という形ではあるが、これを機にロシア国民にサッカー観戦文化が広がっていくということも、理論的には考えられよう。

現在までのところ、W杯のレガシーが活用されている度合いは、開催都市によって大きく異なる。ロストフのように、サッカー熱がありながら従来は貧弱なスタジアムしか存在しなかったところでは、やはり新スタジアム効果は大きい。それに対し、サランスクのモルドヴィア・アレーナなどは、負の遺産と化す瀬戸際に立たされている(URL⑨)。

ロシアW杯の開幕に合わせて、同国きっての高級週刊誌『エクスペルト』(二〇一八年六月一七日付)は、今回のW杯はサッカーならぬ「インフラの祭典」になってしまったとする社説を掲げた。大会が成功し、ロシア代表が快進撃を見せる前に書かれた論評なので、いささか手厳しすぎるきらいはあるが、刮目に値する指摘であろう。

ソ連崩壊後の三〇年近く、雌伏の時代を過ごしてきたとはいえ、ロシアはサッカーの古豪であり、ポテンシャルは決して小さくない。国家権力による上からのサッカー強化・普及が、いつの日か市民社会的なサッカー文化として花開くことがあるのか、その行方を注視していくこととしたい。

注

(1) 以下のフーリガンに関する記述は、服部(二〇一八a)・服部(二〇一九)をもとに加筆・修正を行っている。

参考文献

宇都宮徹壱(二〇〇二)『ディナモ・フットボール——国家権力とロシア・東欧のサッカー』みすず書房

長束恭行(二〇一八)『東欧サッカークロニクル』カンゼン

服部倫卓（二〇一五）「ウクライナの国民形成とサッカー」『地域研究』一六（一）
服部倫卓（二〇一六）「ロシア・サッカークラブのパートナーとスポンサー」『ロシアＮＩＳ調査月報』六一（三）
服部倫卓（二〇一八ａ）「繰り返されるロシアフーリガンによる暴動　Ｗ杯の現地観戦に危険はあるか？」五月二四日（https://sports.yahoo.co.jp/column/detail/201805210003-spnavi）
服部倫卓（二〇一八ｂ）「ロシア・ワールドカップで無償ボランティアが成功した二つの理由」九月一八日（https://globe.asahi.com/article/11815007）
服部倫卓（二〇一九）「ロシアのサッカー・フーリガンはどこに消えた」六月一八日（https://globe.asahi.com/article/12455726）
UEFA（2020）*The European Club Footballing Landscape: Club Licensing Benchmarking Report: Financial Year 2018*.

ＵＲＬ（すべて二〇二〇年三月二〇日閲覧）
① http://www.hattorimichitaka.net/archives/44653232.html
② http://www.hattorimichitaka.net/archives/54302099.html
③ https://www.championat.com/business/article-3205251-kakovy-prichiny-nizkoj-poseshhaemosti-rfpl-i-upl.html
④ https://rg.ru/2010/12/27/mutko-poln.html
⑤ https://www.minsport.gov.ru/documents/ministry-orders/32333/
⑥ https://www.theguardian.com/politics/2014/jul/27/nick-clegg-russia-world-cup-2018-stripped-mh17-ukraine
⑦ https://www.levada.ru/2016/07/29/doping-skandal/
⑧ http://government.ru/docs/33555/
⑨ http://www.hattorimichitaka.net/archives/54296704.html

コラム2

アルゼンチンにおけるサッカーと国家・市民社会・アイデンティティ

菊池啓一

二〇一九年一二月二日、FCバルセロナのリオネル・メッシが史上最多となる六度目のバロン・ドール（『フランス・フットボール』誌の主催する世界最優秀選手賞）を受賞した。メッシはアルゼンチンのロサリオ市出身で、イギリス移民のアイザック・ニューウェルの創設した学校の関係者・卒業生を中心に二〇世紀初頭に結成された同市のニューウェルス・オールド・ボーイズの下部組織でプレーしていたが、一三歳の時にFCバルセロナの下部組織のセレクションに合格した。そして、一七歳でトップチームでのデビューを果たすと、翌年にはスペイン国籍を取得し、現在に至るまで同チーム一筋である。そのため、ワールドカップではアルゼンチン代表としてプレーするものの、FCバルセロナでは「スペイン人」としてプレーを続けているのである。

このメッシのケースが示唆的であるように、サッカーは国家と市民社会との関係やアイデンティティをめぐる諸問題などを考えていく上での格好の素材を提供してくれる。そこで、本コラムではそのメッシの出身国であるアルゼンチンの事例を簡単に紹介することにしたい。

一　サッカーをめぐる国家と市民社会との関係

一八一六年にリオ・デ・ラ・プラタ連合州として独立したアルゼンチンは、一九世紀後半から二〇世紀初頭にかけてイギリス資本等の外国資本の開発によって急速な発展を遂げた。また、同時期にスペインやイタリア等のヨーロッパ諸国からの移民が大量に流入した。このような状況の中、様々なルートを通じてサッカーが伝えられたと考えられるが、最も大きく影響したのが英系学校を通じた伝播である。中でも、一八八二年にセント・アンドリューズ校の教員として赴任したアレクサンダー（アレハンドロ）・ワトソン・ハットンはアルゼンチンサッカー協会の前身であるアルゼンチン協会サッカーリーグを創設するなど、同国のサッカー創成期に大きな役割を果たした（Frydenberg 2011）。

当初は英系学校や英系会員制クラブでのみプレーされたサッカーであるが、二〇世紀に入ると英系企業を中心に、クラブチームの創設を支援して労働者に余暇を楽しむ場を提供する動きも見られるようになった。また、一般庶民の若者の間でも人気が高まり、ボカ・ジュニオルスなどをはじめとする、現在のプロサッカーリーグを構成する多くのクラブチームが創設された（Frydenberg 2011）。

クラブチームは原則として会員が自発的に作り上げる市民社会組織であり、アルゼンチンでもサッカーは国家の関与しない市民社会組織に属するものであるとされてきた。この考えは、一九三〇年のクーデターによって成立したホセ・フェリクス・ウリブル政権などの軍政下でも基本的に維持されたが、この傾向を大きく変えたのが一九四六年に誕生したフアン・ドミンゴ・ペロン政権である。同政権下では、スポーツは国家に資するものでなければならないとされ、アルゼンチンサッカー協会も大統領率いるペロン党に所属する会長の指導のもとに運営されることとなった（Scher y Palomino 1988）。

第一期・第二期ペロン政権下(一九四六―一九五五年)におけるスポーツ政策は、その後のアルゼンチンにおけるサッカーをめぐる国家と市民社会との関係に決定的な影響を与えた。一九五五―一九八三年の同国はクーデターによる軍政の成立と民政復帰とを繰り返す不安定な状態であったが、両者とも「サッカーの政治利用」という点においては一致していた。その最たるものが一九七八年に軍政下で開催されたFIFAワールドカップである。一九七八年大会のアルゼンチン開催が決まったのは一九六六年であったが、一九七六年のクーデターによって誕生したビデラ政権は同大会をナショナリズムの高揚と対外イメージ改善の絶好の機会であると捉えた。そして、二次リーグ最終戦で四点差以上の勝利が必要であったアルゼンチンは、ビデラ政権によって買収されていたという説の根強いペルーを相手に六対〇という疑惑の勝利を収め、続く決勝でオランダを倒して見事に優勝を飾った。一九七六―一九八三年の軍政はアルゼンチン史上最も抑圧的な軍事政権であったが、ワールドカップは国民の目を軍政による人権侵害問題から一時的に逸らすことに成功してしまったのである。

一九八三年の民主化以降も、サッカーと政治は切っても切れない関係にある。例えば、クリスティーナ・フェルナンデス・デ・キルチネル政権(二〇〇七―二〇一五年)は国民の歓心を買う政策の一つとして、国内一部リーグの試合の無料中継を導入した。また、ボカ・ジュニオルスの元会長であるマウリシオ・マクリ前大統領(二〇一五―二〇一九年在職)のように、サッカークラブで幹部職を務めた経験を背景に政界に進出する事例も出てきている。

二　サッカーをめぐるアイデンティティの問題

一九世紀後半から二〇世紀初頭にかけてアルゼンチンでサッカーが広まった時期は、スペインやイタリア等のヨーロッパ諸国からの移民が大量流入した時期と一致している。イタリア移民はアルゼンチンで決して歓迎される存在ではなかったものの、アルゼンチン文化の中に上手く融合されたため、「イタリア系」というアイデンティティが作られることはなかった。しかし、一九八〇年代の経済危機以降、自国にルーツを持つ人々を優先するイタリアに外国人労働者として受け入れてもらうための手段として、「イタリア系アルゼンチン人」という認識が生まれるようになった(北村二〇一八)。

サッカー界も、このようなアイデンティティの変化とは無縁ではなかった。一九八〇年代以降アルゼンチンは何度も経済危機に見舞われており、各クラブチームは移籍金目当てにスター選手を欧州リーグに売ることを余儀なくされている。特に、一九九五年に欧州司法裁判所によってボスマン判決(EU加盟国の国籍を有する選手に対する契約終了後の移籍の自由とEU域内リーグにおける外国人枠の不適用)が下されて以降は、以前にも増して「スペイン系アルゼンチン人」や「イタリア系アルゼンチン人」といった両国の国籍を取得しやすい選手に対する需要が伸びている。その結果、FIFAワールドカップ一九七八年大会の際にはアルゼンチン代表の二二名中一名だけが欧州リーグでプレーしていたのに対し、二〇〇六年大会では二三名中一八名が欧州リーグでプレーしている状態であった(Gilbert 2007)。そして、このような状況の中、マウロ・カモラネージのように出身国のアルゼンチンではなく、プレー先のイタリアの代表チームを選択する選手も出てきている。

ただし、欧州リーグとの関係で「スペイン系」「イタリア系」といった出自が強調されるという新たな流れが生じている一方で、国内リーグにおいてどのチームを応援しているのかは、従来通り市民のアイデンティティの源泉であり続けている。ブエノスアイレス市内のクラブチームは発足した当初から「市内各地区の代表」という性格を帯びていたが(Frydenberg 2011)、国内リーグにおけるライバル関係は依然根強い。中でも、リーベル・プレートとボカ・ジュニオルスの間で行われる「スーペル・クラシコ」は、今日においても国を二分する一大イベントであり続けているのである。

以上紹介してきたように、アルゼンチンの事例は、サッカーをめぐる国家と市民社会との関係やアイデンティティの問題に関する論点の宝庫であると言えよう。

参考文献

北村暁夫(二〇一八)「南米のイタリア移民——ブラジルとアルゼンチンを中心に」『立教大学ラテンアメリカ研究所報』第四六号

Frydenberg, Julio (2011) *Historia social del fútbol: Del amateurismo a la profesionalización*, Siglo Veintiuno Editores.

Gilbert, Alan (2007) "From Dreams to Reality: The Economics and Geography of Football Success," in Rory M. Miller and Liz Crolley eds., *Football in the Americas: Fútbol, Futebol, Soccer*, Institute for the Study of the Americas.

Scher, Ariel, y Héctor Palomino (1988) *Fútbol, pasión de multitudes y de elites: Un estudio institucional de la Asociación de Fútbol Argentino (1934-1986)*, CISEA.

Ⅳ

言葉

第8章　言葉が動くとき
――「セクシュアル・ハラスメント」の誕生、輸入、翻訳――

後藤絵美

はじめに

二〇一七年一〇月、米国の著名な映画プロデューサー、ハーヴェイ・ワインスタインによる長年のセクシュアル・ハラスメントへの告発に続いて、性暴力被害を許容してきた社会を変えようという動きが再燃した。#MeToo運動である。直接のきっかけとなったのは、米国の俳優アリッサ・ミラノが自身のツイッター上にあげた次の言葉であった。「あなたが今までに、性にまつわる迷惑な行為や危害を経験したことがあるならば、このツイートに「わたしも(Me too)」と返信して」。性暴力の被害経験をもつすべての女性が、me tooとツイートすることで、問題の大きさを可視化できる。そうした意図によるミラノの呼びかけは、瞬く間に人々を動かし、二四時間のうちに五〇万件のツイートがあげられ、Facebook上には一二〇〇万を超える書き込みがあったという。その中には、me tooという言葉だけを発信するものもあれば、これまで語ったことのなかった事柄を含めて、被害の詳細やそれに対する自身の思いを表現するものもあった(Gilbert 2017, CBS 2017)[1]。

#MeToo運動は、me tooという言語表現と新しいメディアであるSNSを使い、世界の多様な状況下にいるハラスメント被害の経験者をつなごうと試みた、現代的な連帯運動として大きな注目を浴びた。この動きが今後どのように展開していくかを考えるために、本章では、それ以前に起きていた同様の運動を検討してみたい。注目するのは、「セクシュアル・ハラスメント」という言語表現を用いた動きである。「セクシュアル・ハラスメント」という言葉は、一九七〇年代の米国で生まれ、その後世界各地に広がっていった。以下では、米国におけるその「誕生」と、一九八〇年代にそれを「輸入」した日本での展開、そして、二〇〇〇年代にその「翻訳」が状況を大きく変えたエジプトの事例を取り上げる。そうして、グローバルに移動を始めた一つの言葉が、ローカルな個々の状況下でどのように変化し、性暴力に対する社会運動を構成していったのかを明らかにしたい。

一　米国——言葉の誕生と無菌化

#MeToo運動がメディアでさかんに取り上げられるようになった二〇一七年一〇月、ラジオでのインタビューを受けた米国のジャーナリスト、リン・ファーリー(一九四二―)は、現在米国で人口に膾炙している「セクシュアル・ハラスメント」という表現が誕生した経緯について次のように語った。それは一九七四年、ファーリーがニューヨーク州にあるコーネル大学で女性と労働についての授業を担当していた時のことである。学生の多くが、上司や経営者の性的な求めを拒否したことで、仕事を

辞めざるを得なくなったり、解雇されたりした経験があるということがわかった。ファーリーは、共通の経験をしているにもかかわらず、それが「同じ」事柄に属するものであり、問題であるということが理解されないのは、名前がないからではないかと考えるようになった。同僚と頭をひねり、たどり着いたのが、「職場におけるセクシュアル・ハラスメント」という表現であった。

この言葉が公の場で最初に使用されたのは、一九七五年四月、ニューヨーク市人権委員会の公聴会でのことであったといわれる。「ニューヨーク・タイムズ」紙が、その様子を「女性たちが職場でのセクシュアル・ハラスメントに対して声を上げ始めた」と題する記事で報じたことから、「セクシュアル・ハラスメント」という表現は徐々に知られるようになった(Farley 2017, On the Media 2017)。

ファーリーは、一九七八年、『性的ゆすり――働く女性に対するセクシュアル・ハラスメント(*Sexual Shakedown: The Sexual Harassment of Women on the Job*)』を刊行し、その中で、セクシュアル・ハラスメントという言葉を「女性の性役割を労働者としての役割よりも評価する、望まれていない一方的な関係性による男性の行動」と定義した。そこには、女性の体を凝視したり、批評したり、触ったり、性的行動の黙認を求めたり、歓迎されないデートの誘いを繰り返したり、性交を強要したり、レイプしたりするという行為が含まれうる。そして、これらの行為が多くの場合、「文化的に、あるいは単に人数によって、男性が優位にある」状況に由来して起こっていることにも注意を促した(Farley 1978 : 33)。これは「セクシュアル・ハラスメント」の概念化と法的措置の制度化に尽力した米国の法学者キャサリン・マッキノン(一九四六―)も強調した点であった。セクシュアル・ハラスメントのもっとも広い定義として「不平等な権力関係を背景として相手の希望に反する性的要求を押しつけること」と表現したマッキノンは、それが単に「虐待や屈辱的なもの、抑圧的なもの、搾取的なもの」であるだけではなく、雇用における差別の一形式であると主張した(MacKinnon 1979＝一九九九：二二六―二三二)。

一九七〇年代後半以降、米国各地の裁判所において、職場におけるセクシュアル・ハラスメントが、市民としての個人の基本的な権利の平等性を担保する市民権法の違反行為にあたるという判決が出されるようになった。一九六四年に制定された市民権法第七編(雇用差別の禁止)には、人種、皮膚の色、宗教、性または出身国を理由として雇用を拒否したり、解雇したり、報酬や条件について差別したり、地位を不利にすることを違法とする旨が明記されており、セクシュアル・ハラスメントも「性による差別」に該当すると判断されたのである。最初の判決は、一九七六年、コロンビア特別区連邦地方裁判所によるものであった。司法省の広報室に勤務していた女性が、上司の性的な誘いを拒否して以来、様々な嫌がらせを受けるようになり、その後職務能力の不足を理由に解雇されたことを不服として訴え出たのである。結果として、当該上司の使用者には第七編違反の責任が課され、原告の女性に対して一万六〇〇〇ドルの未払い賃金を支払うことが命じられた(U. S. District Court for the District of Columbia 1976)。

一九八〇年、米国の市民権法第七編の執行を司る雇用機会均等委員会(Equal Employment Opportunity Commission, 略称EEOC)は、ガイドラインの中で、ある行為が第七編違反のセクシュアル・ハラスメントと判断される際の条件を以下のように示した。

性に基づくハラスメントは、〔雇用差別の禁止を定める〕第七編七〇三節の違反となる。望まれない性的な誘いかけ、性的行為の要求、性的なニュアンスをもつ言葉の上での、または身体的な行動は、以下の場合においてセクシュアル・ハラスメントとなる。(一)そうした行為の許諾が、明示的または暗示的に、雇用の条件とされている場合、(二)そうした行為の許諾あるいは拒否が、個人の雇用に関する決定の根拠とされている場合、(三)そうした行為が、個人の職務遂行を不合理に妨げる場合や、脅迫的や敵対的、攻撃的な労働環境をもたらしている場合。(29 C. F. R §1604. 11)

ＥＥＯＣはまた、一九九〇年に同ガイドラインを補足するための手引きを発行し、性的誘いかけが「望まれない」か否かはいかに判断しうるのか、性的に「攻撃的」な労働環境とはどのようなものかなど、セクシュアル・ハラスメントの認定条件のさらなる詳細を規定した(U. S. Equal Employment Opportunity Commission 1990)。

二〇一七年、前出のリン・ファーリーは、言葉の誕生からの四〇年を振り返り、ＥＥＯＣの積極的な関与によって、女性たちが訴訟を起こせるような環境がつくられたこと、実際に多くの訴訟が起こされてきたことを誇らしげに語った。その一方で、当初期待していたような「革命」が起きなかったことを嘆いたのであった。「私が夢見ていたような、働く女性たちの革命は結局のところ起きなかった。それだけではない。かつて大きな期待を寄せたこの言葉は、一人歩きするようになり、無菌化(sanitized)されていったのである。もはや、人々に驚きや不安、衝撃を与えるような力は失われてしまった。今日、私たちは「セクシュアル・ハラスメント」という言葉をあちこちで耳にする。そして残念なことに、そう呼ばれる行為も、相変わらず、どこにでも存在する」(Farley 2017)。

訴訟の増加を受け、企業はセクシュアル・ハラスメント防止のための講習会やマニュアルの整備に努めるようになり、やがて「セクシュアル・ハラスメント」という表現は、上品で、無害で、どこにいても当たり前に耳にするものとなった。この言葉を元通りの「醜悪なもの(ugly thing)」にする必要があるというのがファーリーの主張である。セクシュアル・ハラスメントという言葉とともに、衝撃的な被害の細部を語り続けることで、言葉を性暴力告発運動の主体のもとに取り返す必要がある、と。

セクシュアル・ハラスメントという言語表現にまつわる正負の結果を含む展開は、以下に見られるように、それを「輸入」した日本においても当てはまるものであった。

二　日本――言葉の輸入と略語化

アメリカでのセクシュアル・ハラスメントをめぐる動向は、一九八〇年代前半から日本国内でも紹介されるようになっていた(秋元一九八九：二二、原山二〇一一：一七二以降)。ただし、その言葉が広く知られるようになったのは、一九八九年(平成元年)の福岡地裁裁判以降のことである。訴えたのは出版社勤務の女性、晴野まゆみである。当時三〇代の晴野は、上司に異性関係について悪評を流布され、それをきっかけに、職場での立場が悪くなった。そして最終的に別の上司から退職を通告されたのである。これを不服として、彼女は労働基準局や簡易裁判所を訪れたが、解決策は見つからず、最後の望みをかけて、女性への労働差別を訴える裁判を起こすことを決意した。後に著された手記によると、晴野は、「女性が職場で受ける性的中傷や性的差別の実情とそれに対する気持ち」(晴野二〇〇一：六八)を尋ねるアンケートを行い、問題が一人だけのものではなく、働く女性の普遍的な問題だと確信したという。また、そうした被害を受けながらも、抗議の声を上げられない、あるいは語ることもできない女性が多いことにも疑問を感じたのであった。

社内の性的接触、言動には目をつむり、笑って返すのが「大人の女の度量」と決めつけられ、抗議するのは大人気ないとされる。性的暴力の被害に遭えば「女にもスキがある」と言われる。職場での被害は訴える術がない。被害を被害として認識させる表現がない。電車やバス、人混みの中での性的接触は痴漢だといえるのに、職場での行為にはその表現が使われない。行為自体は同じなのに。私は自分の問題が自分だけの問題ではないのだとおぼろげには認識できたが、被害を表現する言葉には行き当たらなかった。(同：七三)

そうして「被害を表現する言葉」を探していた晴野が、「セクシュアル・ハラスメント」という言葉を知ったのは、集英社発行の『MORE』(一九八九年六月号)の特集記事「もう許せない!! 実態セクシャル・ハラスメント　性的いやがらせ」の広告を見たときであった。「これだ！ とひらめいた」彼女はすぐさま雑誌を買いに行ったという。

「セクシャル・ハラスメントという言葉を耳にしたことがありますか？　これは女性がよく経験す

る、望まない性的な誘いかけのすべてをさす言葉です。あなたも、職場や日常生活の中で、きっといやな思いをしたことがあるはず」というリード文に始まる記事の中では、銀行員や編集者、商社勤務やメーカー勤務などの女性たちの座談会の記録や、体験談、読者からの投書が並んでいた。また、運動家や政治家、ジャーナリスト、弁護士として活躍する女性たちの言葉も紹介されており、一九八〇年に米国の女性たちが刊行したハンドブック「ストッピング・セクシャル・ハラスメント」の日本語訳が一年前に刊行されていること、一九八九年二月から「セクシャル・ハラスメント」が東京都労務事務所の労働相談の項目に加わったことなどの情報が記されていた(MORE一九八九：二五三―二六二)。

セクシュアル・ハラスメントという言葉を知った福岡地裁裁判の原告と弁護団は、訴状にその訳語として「性的いやがらせ」を用いることにした。職場における「性的いやがらせ」が、日本国憲法第一三条(すべて国民は、個人として尊重される)と第一四条(すべて国民は、法の下に平等であって(略)性別(略)により、政治的、経済的又は社会的関係において、差別されない)に加えて、一九八五年に日本が批准した国連女性差別撤廃条約(CEDAW)第一条の性差別にあたり、女性の個人としての尊厳と平等に働く権利を侵害する不法な行為であると訴えた(晴野二〇〇一：八九―九一)。同裁判はメディアで大きく取り上げられ、新聞記事や報道番組では、「性的いやがらせ」や「セクシャル・ハラスメント」、そしてその略語の「セクハラ」という表現が用いられるようになった。

一九九二年四月、福岡地裁裁判は原告側の勝訴に終わった。この裁判で代理人の一人を務め、その後も多くのセクシュアル・ハラスメント訴訟に関わってきた弁護士の角田由紀子は、裁判から三〇年を経た二〇一八年六月の講演会で、福岡裁判の後に何が変わり、何が変わらなかったのかを振り返った(角田二〇一八)。角田によると、重要な変化の一つは、「働く女性に対する性的な虐待」を表現する言葉が得られたことである。名前のない被害は語りにくい。適切な名前を得られることで、問題の本質がはじめて明らかになり、それに対する議論を深めることができたのである。ただし角田は、名づけの際に問題があったことにも言及している。裁判では当初、英語の sexual harassment を援用すべく、その訳語として「性的いやがらせ」という表現を用いた。しかしその後、harassment という単語は、元来軍隊などで用いられた言葉で、「激しく、引き続き、攻撃する」といった意味があることがわかった。「性的いやがらせ」という日本語の表現では、被害の深刻さを含め、実態をあらわせないと考え直した角田らは、その後、「セクシュアル・ハラスメント」という、そのままのカタカナ語を用いるようになったという。

「セクシュアル・ハラスメント」は、一九八九年の新語・流行語大賞で新語部門・金賞に選ばれるなど、広く知られるようになった。さらには、「セクハラ」という略語表現も流布した。「セクハラ」が日常語となったことについて、角田は、社会の中で被害についての声が上げやすくなったという側面がある一方、その表現が独り歩きし、意味の理解が一向に進まなかったのではないかと述べている。日本にはセクシュアル・ハラスメントを罰する法的根拠がないために、その被害を扱う裁判はこれまで、個人の権利や利益の侵害に対する損害賠償を目的とする「不法行為」の枠内で闘われてきた。訴えられた企業は、(米国の判例に比べると圧倒的にわずかな)賠償金を支払い、大きな損害を被ることもなく、すべてが終わりとなる。そうした流れの中、何が問題となったのか、再発を防ぐためにはどうすればいいのかという議論の深化がみられなかったのである(角田二〇一八、二〇一九)。

二〇一八年四月、財務省福田淳一事務次官(当時)の女性記者に対する性的発言についての報道があって以来、政治家や著名人によるハラスメント疑惑や、麻生太郎財務大臣による「セクハラ罪という罪はない」という発言が話題になった。これらの出来事とそれに続く議論が示唆したのは、セクシュアル・ハラスメントが、個人の尊厳と平等に働く権利を侵害する不法な行為であるという認識が根付いていないということであった。

三　エジプト――言葉の翻訳と可視化

言葉の翻訳

「セクシュアル・ハラスメント」という言葉の意味や文脈をそのまま採り入れた日本の事例が、言葉の「輸入」と呼びうるものだったとすれば、それをローカルな言語や文脈に「翻訳」したのがエジプトでの動きであった。セクシュアル・ハラスメントという表現は、国連主催の世界女性会議の文書等を通してエジプトに入ってきたようである。当初、「性的圧迫」や「性的問題」と訳しうる「ムダーヤカ・ジンスィーヤ(muḍāyaqa jinsīya)」が用いられていた(ジンスィーは「性的な」という意味の単語である)。それが一九九五年の北京世界女性会議以降、「タハッルシュ・ジンスィー(taḥarrush jinsī)」と訳されるようになった(Kreil 2016)。タハッルシュとは、現代の辞書によると、英語の molest(いやがらせをする、女性や子どもに淫らなことをする)や make improper advances to(不適切な接近をする)に相当する(Baalbaki 2002)。少なくとも二〇〇〇年代半ばまで、タハッルシュ・ジンスィーとは、家庭における男児や女児に対する性的虐待や、職場や家庭での女性へのレイプや暴行など、深刻な危害や被害をともなう行為を意味する言葉であった(Abdelmonem 2016：259-302)。それ以外の性的なハラスメント行為に関しては、「からかい」や「ナンパ」を意味する「ムアーカサ(muʻākasa)」という表現が用いられてきた。

タハッルシュ・ジンスィーという表現がエジプトで頻繁に聞かれるようになったのは、二〇〇六年一〇月に起きた集団暴行事件以降のことである。断食月明けの大祭初日、カイロ中心部の映画館付近で、男性らが暴徒化し、通りかかった女性を次々と襲ったという事件が、メディア報道の中で、タハッルシュ・ジンスィーと表現された(Al Malky 2007, Rizzo et al. 2012)。

この事件の前年、女性のための法的支援と人権教育を担うNGO「エジプト女性人権センター(al-Markaz al-Miṣrī li-Ḥuqūq al-Marʼa, The Egyptian Center for Women's Rights, 以下ECWRと表記)」が、路上や公共交通機関での女性への性的なハラスメントの実態調査に乗り出していた。エジプト人の女性と男性(各一〇一〇名ずつ)およびエジプト国内に滞在中の外国人女性(一〇九名)を対象に行われたこの調査で明らかになったのは、レイプや暴行以外の性的なハラスメント行為もまた、エジプト社会の中で深刻な問題となっていることであった。

二〇〇八年に公表された調査報告によると、エジプト人女性の八三%、外国人女性の九八%が、エジプト国内で何らかのハラスメント行為の被害を経験したと回答している。その内容は、口笛を吹かれたり、からかい言葉をかけられたりした(エジプト人女性の約六八%／外国人女性の約九四%)、すれ違いざまに身体をじろじろと見られた(四七%／九一%)、不適切な形で身体に触れられた(四〇%／七一

%)、性的な意味の言葉をかけられた(三〇%/八四%)、後をつけられた(二二%/六六%)、電話によるからかい(一一%/四四%)などである。そして、エジプト人女性の約四六%、外国人女性の約五二%が、こうした経験が日常的なものであると答えていた。報告の中ではまた、被害を受けた女性たちが、強い怒りや恐怖、痛みや辱めを感じたり、頭痛や不眠、悪夢にうなされたり、無気力になったり、鬱になったり、精神的・身体的に大きな打撃を受けていることが指摘されていた(ECWR 2008)。

状況を変えるためにECWRが着手したのが、それまで一般にムアーカサと呼ばれていた行為を、タハッルシュ・ジンスィーと呼び変えることであった。それは調査報告のタイトル「エジプトの空に浮かぶ雲――タハッルシュ・ジンスィー　言葉によるからかいからレイプまで」にも表れていた。ECWRのネハード・アボル＝コムサーン代表は、ハラスメント行為の呼び方を変えたことについて次のように説明したという。「ムアーカサ」のような軽い響きの表現を用いていては、誰もその行為が犯罪であるという意識を持たない。ECWRが目指したのは、深刻な意味合いをもつ言語表現を用いることで、社会の中の意識を変えることであった、と(Abdelmonem 2016: 275-76)[3]。

二〇〇八年一〇月、カイロ刑事裁判所で、路上でのセクシュアル・ハラスメントに関わる裁判の判決が下された。訴えを起こしたのは、当時二七歳の女性ノハ・ロシュディである。二〇〇八年六月、カイロ市内を歩いていたロシュディは、トラックを運転しながら近づいてきた男に、窓越しに胸をつかまれた。その拍子に転んで地面に叩きつけられた彼女は、走り去る車の中で、男が嘲るような笑みを浮かべているのを目撃した。悔しさと怒りを感じ、ロシュディはトラックを追いかけ、男を捕らえて警察に引き渡したという('Azzām and Farghalī 2008)。

この当時のエジプトの刑法では、①家庭内外での女性に対する性的暴行については、罪状によって懲役刑から終身刑まで(二六七条)が、②強姦に対しては極刑まで(二六九条)が科せられると定められていた。また、③私的空間であっても女性の「品位」を貶める行為を行った者には一年以内の拘留か三〇〇ポンド(約五一〇〇円)までの罰金(二七九条)が、④路上や繁華街で女性の「品位」を傷つける言葉をかけたり、行為を行ったりした場合には、最大二年の拘留と一〇〇〇ポンド(約一万七〇〇〇円)以下の罰金が科されることになっていた(三〇六条)[4]。ロシュディの事件の場合、当時二八歳の被告男性のシャリーフ・ゴムアには、④よりも厳しい「三年間の懲役および五〇〇一ポンド(約八万五〇〇〇円)の賠償金の支払い」が言い渡された('Azzām 2008)。

ロシュディの裁判は、エジプトで最初の「タハッルシュ・ジンスィー裁判」として、ニュース・メディアや個人のブログなどを通してさかんに報じられた。この頃、刑法の条文にも、タハッルシュ・ジンスィーという表現を加えるべきであるという議論が活発化し、改正草案も作成された(Rizzo et al. 2012: 472-474)。しかし、二〇一一年一月にはじまる民主化革命によって、政情が変わったことから、実現は遅れ、実際に改正が行われたのは二〇一四年六月のことであった。刑法三〇六条には、他者に対して、性的または猥褻な意味合いの身振りや言葉、行動を為した者に六か月以上の拘留と三〇〇〇ポンド(約四万二〇〇〇円)以上の罰金が定められ、もしも、それらの行為が「性的な快楽を得ること」を意図して行われた場合、それはタハッルシュ・ジンスィーとみなされ、より重い一年以上の拘留と一万ポンド以上の罰金が科されると明記された[5]。

言葉の可視化

前述のＥＣＷＲの調査報告によると、ハラスメント被害者の大半が、被害を通報していないと述べたという。「被害を訴えても助けてくれないと思うから」「自分に悪い評判が立つから」「警察官もハラスメントの加害者であるから」などが訴えない理由として挙げられた。また、男性も女性も、ハラスメントを目撃しても「他人への無関心」から介入しない傾向にあることも明らかになった（ECWR 2008）。

被害者の沈黙によって被害が見えないこと、他人が受ける被害に対して人々が無関心であることという二つの課題に対して、新たなアプローチ方法を提示したのが、二〇一〇年に活動を開始したハラスマップ（アラビア語名は「タハッルシュの地図 Kharīṭa al-Taḥarrush」）というグループであった。ＥＣＷＲを離れた数名が始めたこのプロジェクトでは、ウェブ上に置いた地図による被害情報の共有が目指された。ハラスマップのウェブサイトを通して登録した者は、ハラスメントの被害を受けたり、それを目撃したりした際に、日時や場所、被害内容を簡単に投稿することができるという仕組みである。運営側は、投稿の記述によって被害者が特定されないように、内容をあらかじめ確認するという手続きも取っていた(6)。

地図による被害情報の可視化に加えて、ハラスマップのメンバーが目指したのは、人々の関心と介入を取り戻すことであった。ウェブサイトには次のように記されている。

私たちはハラスマップが単なる地図にならないようにと気をつけてきました。それをその土地に強い影響力をもつような、場に根差したものにすることが、私たちにとって重要でした。（中略）エジプトの道端にはいつも人がいました。店の主人、建物の管理人、警官、車を停めようとする人たちや、お茶を飲む人たち、話をしながらゆったりと夜を過ごす人たち。かつては、こうした人々が街区を守っていました。女性に悪事を働く者がいれば捕まえ、見せしめに頭を剃り落としたものです。皆が力を貸そうとしました。被害に遭った女性を非難する者などいませんでした。しかし最近では、通りかかる人々は見て見ぬふりをしたり、加害者に同情したり、被害者の方に原因があると言ったりします。そして最悪の場合、自分も加害者側に加わるのです。(7)

ハラスマップが求めたのは、セクシュアル・ハラスメントから一丸となって人々を守るような社会をつくり出すことであった。そのためには、法律の文言を変えるだけでは不十分である。必要なのは、ハラスメント行為が犯罪であり、決して許されないという意識を広く根づかせることである。そうした考えのもと、ハラスマップのメンバーは、啓蒙のための活動を行ってきた。その一つが「地区の安全運動」である。これは路上に点在するキオスク（小売商）の店主に、活動への協力を求め、周辺を見守る目を増やすというものであった。また映像作品を通して社会に訴えるという活動も行ってきた。たとえば、二〇一四年の刑法改正後には、「タハッルシュを行う者は犯罪者である（al-Mutaharrish Mujrim）」と題するシリーズ映像が YouTube にアップロードされた。その一つの舞台は薄暗い公営バスの車内である。中年男性がヴェールをまとった中年女性に近づき、身体に触れようとする。そのとき、次のナレーションが入る。「ハラスメント被害の八一％は公共交通機関で起こる。つまり、人々の目の前で起きているのだ。それでも誰も何もしない」。ハラスメントは盗難や殺人と同じ犯罪であること、法律によって一年間の拘留刑が定められていることが告げられ、「沈黙することはできない」という言葉が続く。最後は、手錠をはめられ、警察車両に乗せられた加害者を、バスの乗客らが強い意志を持った目で見つめるという場面で終わる。こうして、ハラスメント行為がエジプト社会のどこで、どんなふうに起きているのかが、地図や文字情報、映像等によって可視化されていった。

二〇一一年以降、不安定な社会状況の中で公共の場での性暴力が急増したことから、性暴力被害をなくすための新たな運動組織が次々と設立された。タハッルシュ・ジンスィーは犯罪行為であるという声は、エジプトの路上やエジプトから発信されるメディアの中に、ますますあふれるようになった。

おわりに

本章では、「セクシュアル・ハラスメント」という言葉の「誕生」と「輸入」、そして「翻訳」という三つの動きを眺めてきた。すべてに共通していたのは、被害者が日常的に経験し、疑問や不満、怒りや痛みを感じながらも、「あたりまえのこと」「しかたのないこと」と捉えてきた事柄に、「セクシュアル・ハラスメント」という語彙が与えられたという点、そして、言葉を得たことで問題の所在が明確になり、議論できるようになったという点である。

セクシュアル・ハラスメントという語彙を新たにつくり出した米国と、それを輸入した日本においては、言葉をめぐる課題が残っていることも明らかになった。リン・ファーリーは、かつて人々に驚きや衝撃を与えたこの語彙が、その後、企業での対策マニュアルや法律用語として、上品で無害なものとなったことを、角田由紀子は、日本においてセクハラという表現だけが独り歩きし、意味の理解が一向に進まなかったことを、それぞれ嘆いていた。一方、言葉の意味の選定やその可視化をめぐって、ローカルな状況をくみ取りつつ翻訳が行われてきたエジプトでは、今のところ、言葉の重みが保持されているようである。(8) また、被害者がその被害を訴えにくい社会の中で、被害者だけでなく、その周囲も声を上げ、また、社会全体の意識を変えようというエジプトでの運動は、「セクシュアル・ハラスメント」という言葉を得ただけでは掬いきれなかったものをも包み込もうとしているようである。

ローカルな文脈での言葉の選択という点で興味深いのは、近年日本から始まった #WeToo 運動である。先行する #MeToo 運動は「性暴力の被害経験をもつすべての人」が声を上げることを促すものであった。しかし、日本では被害経験を語ることで非難されたり、新たなハラスメントを受けたりする傾向が強い。自身も性暴力やバッシング被害の経験者であるジャーナリストの伊藤詩織を発起人の一人として二〇一八年に始まった #WeToo 運動では、運動の主体が、ハラスメントの被害を受けたり、被害を見聞きしたりしても、仕方のないことと見逃してきた「We／わたしたち」となっている。その活動で目指されているのは、企業、大学、団体、自治体のトップを巻き込み、また、「わたしたち」の個々の経験や声を取り込みながら、「セクハラ、パワハラ、性暴力など一切の暴力を許さない社会の実現」に向けて社会全体の意識を改革することである。(9)

#WeToo 運動とエジプトのハラスマップ運動との親和性は、ローカルな運動がそのローカル性を脱して、グローバルに展開する可能性を示しているようにも思われる。今後の動きに期待を寄せたい。

注

（1） #MeToo 運動の始まりについては Tippett（2018）が詳しい。

（2） 本節以下のアラビア語表現は、（人名を除き）すべて正則語（フスハー）で記した。エジプト方言では「ムダーヤア・ゲンスィーヤ」「タハッルシュ・ゲンスィー」「ムアクサ」など発音が若干異なる。

（3） 「セクシュアル・ハラスメント」という表現は、前述のECWRによるキャンペーンや調査の以前、すでに一九九〇年代半ばから国連の文書等の中で用いられてきた。Kreil は一九九五年の北京世界女性会議報告が一つの転換点だったと分析している（Kreil 2016: III–V）。

（4） 二〇〇八年当時の為替レートは一ポンド約一七円。公務員の月収平均は三〇〇ポンド程度といわれる。改正前の刑法条文については al-Barbarī and al-Minshāwī（2014）を参照。

（5） 二〇一四年当時の為替レートは一ポンド約一四円。公務員の最低賃金が七〇〇ポンドと定められた改正後の刑法条文については Gharib and Hanish（2018）を参照。

（6） ハラスマップの仕組みについては同グループのウェブサイト（https://harassmap.org/en）を参照した（二〇二〇年二月一八日閲覧）。

（7） "Qiṣṣat-nā"（アラビア語版）https://harassmap.org/ar/who-we-are/our-story, "Our Story"（英語版）https://harassmap.org/who-we-are/our-story

（8） ただし、エジプトでの大々的なキャンペーンは、その後、思いがけない効果をもたらしたことも追記しておくべきであろう。二〇一五年末以降、ドイツで頻発するようになった女性に対する集団暴行事件が、現地のメディア報道の中で、「タハッルシュ」という語彙によって表現された。この語彙の選択がドイツ国内で起きた事件を中東地域出身者と結びつけようという意図的なものであったのかは不明であるが、タハッルシュは、移民問題を抱えるドイツやヨーロッパ諸国での、外国人差別や偏見、イスラモフォビアと結びついた表現となったのであった

(Abdelmonem et al. 2016)。

(9) 伊藤(二〇一八)および #WeToo Japan のウェブサイト(https://we-too. jp/)を参照した(二〇二〇年二月一八日閲覧)。

参考文献

秋元樹(一九八九)「アメリカにみるセクシュアル・ハラスメント――日本ではどうすすんでいくか」『労働法律旬報』一二二八

伊藤詩織(二〇一八)「「MeToo」が忘れ去られても、語ることができる未来に向けて」『現代思想(特集性暴力＝セクハラ)』四六(一一)、青土社

角田由紀子(二〇一八)「セクハラ問題の三〇年」(日本記者クラブにより、二〇一八年六月二五日公開)https://www.youtube. com/watch?v=wicF5muXXbM&feature=youtu. be

角田由紀子(二〇一九)「今、なぜ、セクシュアル・ハラスメントか――職場のセクシュアル・ハラスメント再考」『NWEC実践研究(ジェンダーに基づく暴力)』九

原山擁平(二〇一一)『セクハラの誕生――日本上陸から現在まで』東京書籍

晴野まゆみ(二〇〇一)『さらば、原告A子――福岡セクシュアル・ハラスメント裁判手記』海鳥社

MORE(一九八九)「もう許せない!! 実態セクシャル・ハラスメント 性的いやがらせ」『MORE』六月号

山﨑文夫(二〇〇〇)『セクシュアル・ハラスメントの法理』総合労働研究所

Abdelmonem, Angie (2016) "Anti-Sexual Harassment Activism in Egypt: Transnationalism and the Cultural Politics of Community Mobilization," Ph. D. Dissertation, Arizona State University.

Abdelmonem, Angie, Rahma Esther Bavelaar, Elisa Wynne-Hughes, and Susana Galán (2016) "The 'Taharrush' Connection in Germany: Xenophobia, Islamophobia, and Sexual Violence," *Jadaliyya*, 2016/3/1.

Al Malky, Rania (2007) "Blogging for Reform: The Case of Egypt," *Arab Media & Society*, 2007/2. https://

www. arabmediasociety. com/blogging-for-reform-the-case-of-egypt/（二〇二〇年一一月一八日閲覧）

Ancheta, Angelli Camille P. (2018) "No Place for Harassment: Construing Street Harassment as Gender-Based Sexual Violence and Providing Remedies Therefor," *Ateneo Law Journal*, 63.

ʻAzzām, Muḥammad (2008) "al-Sijn al-mushaddad 3 sanawāt lil-muttaham fī awwal qaḍīya taḥarrush jinsī fī tārīkh al-qaḍā' al-miṣrī," *al-Miṣrī al-Yawm*, 2008/10/22.

ʻAzzām, Muḥammad, and Dārīn Furghalī (2008) "Nuhā Rushdī sāḥiba awwal daʻī «taḥarrush jinsī»," *al-Miṣrī al-Yawm*, 2008/10/23.

Baalbaki, Rohi (2002) *Al-Mawrid: A Modern Arabic-English Dictionary*, Dar el-Elm Lilmalayin.

al-Barbarī, Muḥammad Sayyid Aḥmad, and Ashraf al-Jawharī al-Minshāwī eds. (2014) *Qānūn al-ʻuqūbāt al-miṣrī*, Wizāra al-tijāra wal-ṣinaʻa.

CBS (2017) "More than 12M 'Me Too' Facebook posts, comments, reactions in 24 hours," *CBS NEWS*, 2017/10/17. https://www. cbsnews. com/news/metoo-more-than-12-million-facebook-posts-comments-reactions-24-hours/（二〇二〇年一一月一八日閲覧）

ECWR (2008) *Ghuyūm fī samā' miṣr: al-taḥarrush al-jinsī min al-mu ʻākasāt al-kalāmīya ḥattā al-ightiṣāb, dirāsa sūsiyūlūjīya, Clouds in Egypt's Sky: Sexual Harassment: from Verbal Harassment to Rape*. 報告要旨が以下からダウンロード可能（いずれも二〇二〇年一一月一八日閲覧）https://manshurat. org/node/23126（アラビア語）, http://www. endvawnow. org/uploads/browser/files/ecrw_sexual_harassment_study_english. pdf. pdf（英語）.

Farley, Lin (1978) *Sexual Shakedown: The Sexual Harassment of Women on the Job*, McGraw-Hill.

Farley, Lin (2017) "I Coined the Term 'Sexual Harassment.' Corporations Stole It," *The New York Times*, 2017/10/18.

Gharīb, Maḥmūd Aḥmad Muḥammad, and Maḥmūd Yūsuf Ḥanīsh eds. (2018) *Qānūn al-ʻuqūbāt al-miṣrī*,

Wizāra al-tijāra wal-ṣinaʿa.

Gilbert, Sophie (2017) "The Movement of #MeToo: How a Hashtag Got Its Power," *The Atlantic*, 2017/10/16.

HarassMap / Kharīṭa al-Taḥarrush (2014a) *al-Mutaḥarrish Mujrim*, YouTube video. https://youtu.be/m7VZUAGpyZ8(二〇二〇年二月一八日閲覧)

HarassMap / Kharīṭa al-Taḥarrush (2014b) *Khamsa sinīn… Kharīṭa al-Taḥarrush* (*Five years with HarassMap*), YouTube video. https://youtu.be/wPZgUwxQCP0(二〇二〇年二月一八日閲覧)

Kreil, Aymon (2016) "Finding Words for Sexual Harassment in Egypt: The Vicissitudes of Translating a Legal Category" (English version of Aymon Kreil, «Dire le harcèlement sexuel en Égypte: les aléas de traduction d'une catégorie juridique» translated by Ethan Rundell), *Critique internationale*, 70.

MacKinnon, Catharine A. (1979) *Sexual Harassment of Working Women: A Case of Sex Discrimination*, Yale University Press.(村山淳彦監訳、志田昇ほか訳『セクシャル・ハラスメント オブ ワーキング・ウィメン』こうち書房、一九九九年)

McLain, Lynn (1981) "The EEOC Sexual Harassment Guidelines: Welcome Advances under Title VII?" *University of Baltimore Law Review*, 10(2).

On the Media (2017) "Sexual Harassment, Revisited," *On the Media*, 2017/10/28. https://www.wnycstudios.org/podcasts/otm/segments/sexual-harassment-revisited(二〇二〇年二月一八日閲覧)

Rizzo, Helen, Anne M. Price, and Katherine Meyer (2012) "Anti-Sexual Harrassment Campaign in Egypt," *Mobilization*, 17(4).

Tippett, Elizabeth C. (2018) "The Legal Implications of the MeToo Movement," *Minnesota Law Review*, 57.

U.S. District Court for the District of Columbia (1976) "Williams v. Saxbe," 413 F. Supp. 654, 1976/4/20.

U.S. Equal Employment Opportunity Commission (1990) *Enforcement Guidance* (*Policy Guidance on Current Issues of Sexual Harassment, N-915-050*), 1990/3/19.

コラム3

アメリカのマオ

梅﨑　透

ニューヨークのメトロポリタン美術館には、一九七二年にアンディ・ウォーホルがシルクスクリーンで描いた毛沢東の肖像画が飾られている。『毛沢東語録《マオズ・リトル・レッド・ブック》』から飛び出した毛《マオ》は、縦約四・五メートル、横三・五メートルの巨大さとポップな色彩をまとった「アメリカのマオ」となって、高い位置から観覧者を見下ろす。

中国の文化大革命（文革）は、同時代のアメリカの一九六〇年代にさまざまな形で参照された。マオと『毛沢東語録』は、その象徴的記号として、ポピュラーカルチャー、社会運動、文化運動、アカデミズムなどに取り込まれた。しかしその組み込まれ方には特徴がある。マオを取り込む主体は、文革とマオそのものを信奉し追求したのではなく、自分たちが直面する問題に対するオルタナティブとして選択的にそのイメージを参照したのだ。

第一にあげられるのは、アメリカの左翼運動におけるオルタナティブとしてのマオだった。各国の共産主義運動においては、一九五六年のスターリン批判が新左翼《ニューレフト》形成の契機となった。しかし、マッカーシズムによってアメリカ共産党は壊滅状態で、アメリカ社会党も冷戦リベラリズムのなかで体制内化していた。六〇年代に入って出現したニューレフトの大勢は、マルクスではなくカミュを読む実存主義的な学生だった。一方ニューヨークにわずかながらに活動していたミルト・ローゼンら共産主義活動家は、ソ連でもアメリカでもない中国に活路を見いだして毛沢東主義を掲げた。当初この「革新労働運動」は、ニューレフトの中で周辺的だったが、六〇年代半ばから終わりにかけて、ニューレフトの全国組織SDSに潜入し、学生運動を二分する勢力に拡大した。

第二に、人種関係におけるオルタナティブとしてのマオだった。一九六六年にオークランドで結成されたブラック・パンサー党は、『毛沢東語録』をバイブルのように掲げた。ボビー・シールら創設メンバーは、一冊二〇セントで仕入れた『毛沢東語録』を、バークレーの学生に一ドルで売って資金源にしていたという。アフリカ系アメリカ人の解放運動における中国への視線は、一九五〇年代に遡る。一九五五年にバンドンで開催されたアジア＝アフリカ会議は、第三世界による平和宣言という以上に、欧米の植民地主義を脱した非白人（有色）の人びとの連帯として人種的に理解された。アメリカの「内なる植民地」を解放する契機を見たのだ。公民権運動が展開するなかで、毛沢東主義を第三世界主義の中心に据えた地下活動が展開され、六〇年代後半にブラック・ナショナリズムと結びついた。この人種的ナショナリズムを中核に据えた運動は、プエルトリコ系や中国系など他のエスニック・グループの解放運動へと拡大した。さらに、マオの「文芸講話」を参照したアミリ・バラカのブラック・アーツ・ムーブメントのように、人種と芸術のあらたな関係の創造へと発展された。

第三には、あらたなジェンダー関係を模索するオルタナティブとしてのマオがあった。革新労働党も、ブラック・パンサー党も、ラディカル・フェミニズムに対しては冷淡だった。ジェンダー・ポリティクスが階級や人種の連帯を壊すと考えたのだ。彼らは、マオや、マルクス、エンゲルス、レーニンを使って、排他的に女性の抑圧のみを扱う女性解放運動がいかに間違っているか説得しようとした。しかし、ラディカル・フェミニストのレッド・ストッキングスを率いたキャロル・ハニッシュは、マオを入り口にこれらを読んでみると、男性たちがいかに文脈を無視し、不正確に引用し、誤用してフェミニズムを攻撃したのかわかったのだという。そして、実際に展開していた文革から意識高揚《コンシャスネス・レイジング》の重要性を学び、運動の大いなるインスピレーションを得たのだ。

第四には、冷戦期の地域研究をめぐる、アカデミズムのオルタナティブとしてのマオがあった。第二次大戦後のアメリカの地域研究は、アメリカ型の近代化論的発展を各地域に促すという明確な意図を持って、政府主導で拡大された。アジア研究はとくにその傾向が強く、学界にも反共産主義的雰囲気が蔓延した。ベトナム戦争という、自らの研究フィールドでの紛争に直面した若い世代の研究者は、こうした学問研究のあり方を拒否し、一九六八年に憂慮するアジア研究者の会を設立した。もちろんそれは毛沢東主義の政治組織ではなかったが、設立当初の会員にはマオの中国に関心を寄せる者が多かった。アメリカ型資本主義でも、ソ連型社会主義でもないマオイズムに、人間を主体とした価値体系としての中国の存在を読み込み、国際関係と学問のあいだのあるべき関係を模索したのだ。

マオと中国のイメージと姿は、いかなる経路で取り込まれたのか。そこには社会運動の伝播に共通する発信者、伝達者、受け手の存在があった。発信者であるマオや中国は、積極的に「宣伝」した。革新労働党は、ロンドンの書店経由で書籍やその他の情報を得た。中国共産党中央宣伝部は、『毛沢東語録』を英語やフランス語など各国の言語に翻訳し、一〇〇を越える国や地域で配布した。マオ自身も、例えば一九六三年八月のワシントン大行進や、一九六八年のキング牧師暗殺に際して声明を発表し、アフリカ系アメリカ人の解放運動に脱植民地運動としての「お墨付き」を与えた。伝達者には、アメリカ政府の渡航禁止令を無視して訪中したＷ・Ｅ・Ｂ・デュボイスのような知識人や、ＦＢＩに追われてキューバに亡命し、その後中国に滞在したロバート・ウィリアムズのような活動家がいた。また若手の中国研究者は、みずからが伝達者であり受け手となった。

問題は、伝達されるマオと文革が、その翻訳過程で選択的に取捨され、それぞれに特定のイメージで拡大したこと（ロスト・イン・トランスレーション）だろう。同時代にはアメリカやフランス、西ドイツ、日本で、文革は旧習と権威主義を打破する若者の運動として肯定的にとらえられた。アメリカの受け手は、マオと文革のイメージを人種、階級、ジェンダー、その他冷戦の地政学に沿ってそれぞれに解釈し、「造反有理（To Rebel Is Justified）」を掲げて抵抗そのものを絶対化した。断片的な『毛沢東語録』のスタイルがそうした恣意的解釈を許したとの指摘もある。

一九七二年にニクソンが訪中すると、「アメリカのマオ」はそのイメージにほころびが見え始めた。そして一九七六年に毛沢東が死去し、文革が終わると、その内実が徐々に外にも知られるようになった。この頃までには、一九六〇年代アメリカの運動は下火になり、マオに理想を見た若手アジア研究者の多くは幻滅しアカデミズムを去っていた。重要なのは、毛沢東がアメリカに与えた影響ではない。アメリカの運動主体が毛沢東に読み込んで作り上げた「アメリカのマオ」の実像とその時代的文脈、プロセスであり、それらを歴史化することだろう。これまでの一国史や国際関係史において「みえない関係」だったかもしれないが、視点をずらせば鮮明に浮かび上がってくることがわかってきた。

ポストモダンの作家と呼ばれるドン・デリーロの『マオⅡ』（一九九一年）では、ウォーホルの描いたマオが、主人公である小説家とテロリストの関係のなかで交錯する。「パンジーのような紫色を帯びた主席の顔」は「歴史など無頓着」に見えるが、その絵は「毛のさらなる深遠な意味」を示唆する。「アメリカのマオ」は、そのイメージに新たな歴史像を映して存在し続けるようだ。

参考文献

梅﨑透(二〇一九)「マオとアメリカの第三世界」楊海英編『中国が世界を動かした「1968」』藤原書店
デリーロ、ドン(二〇〇〇)『マオⅡ』渡辺克昭訳、本の友社

執筆者紹介

福田　宏（ふくだ・ひろし）　奥付参照.

森　理恵（もり・りえ）
1961年生．日本女子大学教授．服飾文化史.

帯谷知可（おびや・ちか）
1963年生．京都大学准教授．中央アジア地域研究.

劉　玲　芳（りゅう・れいほう）
1990年生．大阪大学招聘研究員．比較文化学.

辻田真佐憲（つじた・まさのり）
1984年生．近現代史研究者．音楽史.

山崎信一（やまざき・しんいち）
1971年生．東京大学講師．旧ユーゴスラヴィア地域現代史.

山本　薫（やまもと・かおる）
1968年生．慶應義塾大学講師．アラブ文学.

細田晴子（ほそだ・はるこ）
1968年生．日本大学教授．国際関係史，歴史学.

服部倫卓（はっとり・みちたか）
1964年生．ロシアNIS貿易会ロシアNIS経済研究所所長．旧ソ連地域地域研究.

菊池啓一（きくち・ひろかず）
1978年生．ジェトロ・アジア経済研究所副主任研究員．比較政治学.

後藤絵美（ごとう・えみ）　奥付参照.

梅﨑　透（うめざき・とおる）
1971年生．フェリス女学院大学教授．歴史学.

編集

福田　宏

1971年生．成城大学法学部准教授．国際関係論，地域研究．著書に『身体の国民化――多極化するチェコ社会と体操運動』(北海道大学出版会)等．

後藤絵美

1975年生．東京大学日本・アジアに関する教育研究ネットワーク特任准教授．中東地域研究，アジア比較研究．著書に『神のためにまとうヴェール――現代エジプトの女性とイスラーム』(中央公論新社)等．

グローバル関係学5
「みえない関係性」をみせる

2020年11月19日　第1刷発行

編　者　福《ふく》田《だ》　宏《ひろし》　後藤絵美《ごとうえみ》

発行者　岡本　厚

発行所　株式会社　岩波書店
〒101-8002 東京都千代田区一ツ橋2-5-5
電話案内 03-5210-4000
https://www.iwanami.co.jp/

印刷・法令印刷　カバー・半七印刷　製本・牧製本

ISBN 978-4-00-027058-8　Printed in Japan

主語なき世界の関係を「みえる化」する

グローバル関係学（全7巻）

四六判・上製・平均256頁・本体2600円

［編集代表］酒井啓子
［編集委員］松永泰行・石戸　光・鈴木絢女・末近浩太・遠藤　貢
福田　宏・後藤絵美・松尾昌樹・森千香子・五十嵐誠一

*1　グローバル関係学とは何か ……………………（編集：酒井啓子）
2「境界」に現れる危機 …………………………（編集：松永泰行）
3　多元化する地域統合 …………………（編集：石戸　光，鈴木絢女）
*4　紛争が変える国家 ……………………（編集：末近浩太，遠藤　貢）
*5「みえない関係性」をみせる ………（編集：福田　宏，後藤絵美）
6　移民現象の新展開 ……………………（編集：松尾昌樹，森千香子）
*7　ローカルと世界を結ぶ ……………（編集：五十嵐誠一，酒井啓子）

＊は既刊